Alice
im Wunderland

Lewis Carroll

Alice
im Wunderland

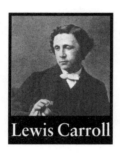

Lewis Carroll

KOMET

Lizenzausgabe für KOMET MA-Service und
Verlagsgesellschaft mbH
© Insel Verlag Frankfurt am Main 1963
Alle Rechte vorbehalten durch den
Insel Verlag Frankfurt am Main und Leipzig
ISBN 3-89836-300-7

Alice im Wunderland

Gemach im goldenen Nachmittag
  Gleiten wir leis dahin,
Da kleine Ärmchen ungeschickt
  Sich an den Rudern mühn
Und wenig achten, ob durchs Naß
  Einen graden Pfad sie ziehn.

Ihr schlimmen drei! Ach, lockts euch nicht,
  Die Stunde hinzuträumen?
Erzählen? Wo mein Atem sich
  Fast selber möcht versäumen?
Und doch – vor solcher Übermacht
  Muß ich das Feld wohl räumen.

Schon ordnet Prima hoheitsvoll
  Mir an: doch zu beginnen!
Auch Unsinn, hofft Sekunda drauf,
  Kommt doch wohl vor darinnen?
Und Tertia läßt nicht einen Satz
  Ohne »Wieso?« verrinnen.

Doch bald wirds still, und alles lauscht,
  Wie's mit dem Kinde war,
Das träumend durch ein Land gestreift,
  Gar neu und wunderbar,
Und freundlich mit den Tieren sprach –
  Am Ende ist es wahr?

Und wenn die Phantasie versiegt
  An sonderbarer Kunde
Und müd der Dichter mehr verspricht
  Zu einer andern Stunde –
»Die Stunde ist schon anders!« heißts
  Dann wie aus einem Munde.

So trat das Wunderland gemach
  Ans Tageslicht heraus,
Ward Stück für Stück euch vorgestellt:
  Nun ist das Märchen aus,
Und fröhlich schaukelt jetzt das Boot
  Im Abendlicht nach Haus.

Alice! Ein kindlich Märchen nimm
  Und legs mit sanfter Hand
Dorthin, wo sich um Kinderträum'
  Geheim Erinnerung wand,
Wie um den welken Pilgerstrauß,
  Gepflückt im fernen Land.

KAPITEL EINS
Hinab in das Kaninchenloch

Alice war es allmählich leid, neben ihrer Schwester am Bachufer stillzusitzen und nichts zu tun; denn sie hatte wohl ein- oder zweimal einen Blick in das Buch geworfen, in dem ihre Schwester las, aber nirgends waren darin Bilder oder Unterhaltungen abgedruckt – »und was für einen Zweck haben schließlich Bücher«, sagte sich Alice, »in denen überhaupt keine Bilder und Unterhaltungen vorkommen?«

Sie war infolgedessen gerade am Überlegen (soweit sich das machen ließ, denn vor lauter Hitze war sie schon ganz schläfrig und dumm im Kopf), ob sich das Aufstehen wohl lohnte, wenn sie dafür Gänseblümchen pflücken und eine Kette daraus machen konnte, als plötzlich ein Weißes Kaninchen mit roten Augen dicht an ihr vorüberlief.

Daran war an und für sich nichts Besonderes; auch fand es Alice noch nicht übermäßig seltsam, daß das Kaninchen vor sich hin murmelte: »Jemine! Jemine! Ich komme bestimmt zu spät!« (als sie später darüber nachdachte, fiel ihr ein, daß sie sich eigentlich darüber hätte wundern müssen, aber im Augenblick erschien ihr das alles ganz natürlich); als daraufhin das Kaninchen aber wahrhaftig eine Uhr aus der Westentasche zog, nach der Zeit sah und dann weiterlief, da war Alice mit einem Satz auf den Beinen, denn mit einemmal war ihr klargeworden, daß sie noch nie zuvor ein Kaninchen mit einer Westentasche gesehen hatte, am allerwenigsten eines mit einer Uhr darin; und außer sich vor Neugier rannte sie ihm, so schnell sie konnte, über den Acker nach, wo sie es zum Glück noch gerade unter die Hecke in einen großen Kaninchenbau hineinspringen sah.

Im Nu war ihm Alice nachgesaust, ohne auch nur von fern daran zu denken, wie in aller Welt sie wohl wieder herauskäme.

Ein Stück weit führte der Bau wie ein Tunnel geradeaus, doch dann fiel der Gang plötzlich ab, so unvermittelt, daß an ein Innehalten nicht mehr zu denken war und Alice auch schon in einen abgrundtiefen Schacht hinunterfiel.

Dieser Schacht war nun entweder wirklich überaus tief, oder aber sie fiel ihn sehr langsam hinunter, denn sie konnte sich während des Sturzes in aller Ruhe umsehen und überlegen, was mit ihr jetzt wohl geschehen sollte. Als erstes spähte sie in die Tiefe hinab, um zu erkennen, was ihr dort bevorstand, aber es war so dunkel, daß man nichts sehen konnte; dann betrachtete sie die Seitenwände des Schachts und bemerkte, daß sie aus lauter Bücherregalen und Wandschränken bestanden; hie und da sah sie auch Landkarten und Bilder an Haken hängen. Aus einem der Regale nahm sie im Vorbeisausen ein Töpfchen mit; es trug ein Etikett mit der Aufschrift ›*Orangenmarmelade*‹, aber zu ihrer großen Enttäuschung war es leer. Einfach loslassen wollte sie es nicht, denn dann fiel es womöglich jemand auf den Kopf; aber dafür konnte sie es rasch in einen Schrank zurück-

stellen, an dem sie gerade vorbeistürzte. »Also wirklich!« dachte Alice bei sich, »nach einem solchen Sturz macht es mir bestimmt nichts mehr aus, wenn ich einmal die Treppe hinunterfalle. Da werden sie mich zu Haus aber für tapfer halten! Sogar nach einem Sturz vom Dach würde ich jetzt nicht einmal mehr Mucks sagen!«
(Und da hatte sie wahrscheinlich recht.)
Hinab, hinab, hinab. Wollte das denn nie ein Ende nehmen? »Wie viele Meilen ich wohl schon gefallen bin?« sagte sie laut. »Weit kann es nicht mehr sein bis zum Erdmittelpunkt. Das wären dann, ja: sechstausend Kilometer wären das, ungefähr wenigstens –« (denn, wohlgemerkt, Alice hatte mancherlei Dinge dieser Art in der Schule lernen müssen, und wenn dies auch keine sehr gute Gelegenheit war, ihr Wissen anzubringen, weil ihr nämlich keiner zuhörte, so war es doch eine gute Übung) » – ja, das dürfte wohl die richtige Entfernung sein – aber dann möchte ich doch gerne wissen, welchen Längengrad ich wohl inzwischen habe und welchen Breitengrad?« (Was ein Längen- und ein Breitengrad war, davon hatte Alice keine Ahnung, aber zum Hersagen waren es schön lange und gelehrte Wörter.)
Sogleich sprach sie weiter: »Es kann natürlich sein, daß ich durch die Erde einfach hindurchfalle! Das kann ja lustig werden, wenn ich bei den Menschen herauskomme, die mit dem Kopf nach unten laufen! Die ›Antipathien‹ sagt man, glaube ich –« (und diesmal war sie recht froh, daß ihr wirklich keiner zuhörte, denn das Wort klang ganz und gar nicht richtig) » – aber ich werde mich erkundigen müssen, in welchem Land ich bin, darum komme ich nicht herum. Bitte, liebe Dame, können Sie mir sagen, ob hier Neuseeland oder Australien ist?« (Und bei diesen Worten versuchte sie einen Knicks zu machen – einen *Knicks*, wenn man durch die Luft saust! Glaubt ihr, das brächtet ihr auch fertig?) »Die werden mich dann aber für ein schön dummes Ding halten! Nein, das geht nicht an,

daß ich mich erkundige; vielleicht steht es irgendwo angeschrieben.«
Hinab, hinab, hinab. Etwas anderes gab es ja nicht zu tun, und also fing Alice bald wieder zu reden an. »Suse wird mich heute abend sehr vermissen, möchte ich meinen!« (Suse, so hieß die Katze.) »Hoffentlich denkt auch jemand an ihr Milchschüsselchen beim Nachmittagstee. Suse, liebe Katze, ich wollte, du wärst unten bei mir! Mäuse sind hier in der Luft zwar leider keine, aber vielleicht fingst du eine Fledermaus, das ist ja schließlich auch eine Art Maus. Die könntest du dann atzen – ich meine, sie könnte dich – also wie sagt man? Daß Katzen Fledermäuse atzen?« Und darüber wurde Alice auf einmal ganz schläfrig und sagte auf eine verträumte Weise vor sich hin: »Daß Katzen Fledermäuse atzen? Daß Fledermäuse Katzen atzen?« und manchmal auch: »Daß Flederkatzen Mäuse atzen?«; denn weil sie die Antwort ja in keinem Fall wußte, müßt ihr verstehen, war es auch ganz gleich, wie herum sie fragte. Sie merkte noch gerade, wie sie einschlief, und hatte eben angefangen von Suse zu träumen, wie sie mit ihr Hand in Hand spazierenging und feierlich sagte: »Also, Suse, Hand aufs Herz: wie stehst du zu Fledermäusen?«, da fiel sie plötzlich bauz! pardauz! in einen Haufen dürrer Blätter, und ihr Sturz war zu Ende.
Der Aufprall hatte Alice überhaupt nichts ausgemacht, und sie war sogleich wieder auf den Beinen; sie sah hinauf, aber droben war alles dunkel; dafür führte auch von hier wieder ein gerader Gang weiter, und auch das Weiße Kaninchen war wieder zu sehen; gerade eilte es durch den Gang davon. Nun kam es auf jeden Augenblick an! Wie der Wind war Alice hinter ihm her und hörte es, bevor es um die Ecke bog, eben noch sagen: »Ohren und Bommelschwanz, so spät schon!« Als sie die Ecke erreichte, hatte sie es schon fast eingeholt, aber dann war das Kaninchen auf einmal fort, und Alice stand mitten in einem langen, niedrigen Saal, der von einer Reihe von Hängelampen

erleuchtet war. Der Saal hatte ringsum lauter Türen, aber sie waren alle versperrt; und als Alice schließlich an jeder einzelnen gerüttelt hatte, zuerst auf der einen Seite, dann auf der anderen, ging sie traurig durch die Mitte zurück und fragte sich, wie sie hier wohl jemals wieder herauskommen sollte.

Plötzlich stand sie vor einem dreibeinigen Tischchen, ganz aus Glas, und darauf lag als einziges ein winziger goldener Schlüssel; Alice dachte sogleich, der müsse zu einer der Türen im Saal gehören, aber ach! entweder waren die Schlösser zu groß, oder das Schlüsselchen war zu klein: aufsperren ließ sich damit jedenfalls keine. Als sie aber die Runde zum zweitenmal machte, kam sie an einen niedrigen Vorhang, den sie vorher übersehen hatte, und dahinter verbarg sich eine kleine, vielleicht zwei Spannen hohe Tür. Sie steckte das Schlüsselchen in das Schloß, und siehe da, zu ihrer großen Freude paßte es.

Alice öffnete die Tür und sah, daß sie in einen engen Gang führte, nicht viel höher als ein Mausloch. Sie kniete nieder, und als sie hineinschaute, fiel ihr Blick in den schönsten Garten, den ihr euch nur denken könnt. Da hätte sie freilich gern den düstern Saal hinter sich gelassen und sich zwischen den bunten

Blumenbeeten und den kühlen Springbrunnen getummelt; aber nicht einmal den Kopf bekam sie durch die Tür. »Und selbst wenn mein Kopf hindurchginge«, dachte die arme Alice, »könnte ich mit ihm ohne die Schultern auch nicht viel anfangen. Ach, ich wünschte, ich könnte mich wie ein Fernglas zusammenschieben! Ich glaube, ich brächte es auch fertig, wenn ich nur wüßte, wie man damit anfängt.« Denn seht ihr, Alice waren bis jetzt schon so viele ungewöhnliche Dinge zugestoßen, daß sie langsam nur noch das wenigste für unmöglich hielt.

Noch länger vor der Tür herumzustehen hatte nicht viel Sinn, und darum ging sie zu dem Tischchen zurück und hoffte dabei so halb, es könnte dort vielleicht inzwischen ein neuer Schlüssel liegen, oder doch jedenfalls ein Buch mit Anleitungen, wie man sich als Mensch zusammenschiebt; aber jetzt stand da nur ein Fläschchen (»das vorher bestimmt noch nicht dagestanden hat«,

sagte Alice) mit einem Papierschild um den Hals, auf dem in großen, schönen Lettern geschrieben stand ›Trink mich‹.
›Trink mich‹, das war ja nun leicht gesagt, aber das wollte sich die kluge kleine Alice denn doch lieber zweimal überlegen. »Nein, vorher will ich doch nachsehen«, sagte sie, »ob nicht irgendwo ›*Vorsicht! Gift!*‹ daraufsteht«; denn sie hatte schon verschiedene schöne Geschichten von Kindern gelesen, die sich verbrüht hatten oder von wilden Tieren zerrissen worden oder in andere unangenehme Lagen gekommen waren, und alles nur, weil sie sich die leichten Regeln einfach nicht merken wollten, die ihnen freundliche Menschen mit auf den Weg gegeben hatten, wie zum Beispiel: Wenn man einen glühenden Schürhaken lange in der Hand hält, verbrennt man sich, oder: Wenn man sich mit einem Messer besonders tief in den Finger schneidet, blutet es gewöhnlich; und so hatte sie sich auch fest eingeprägt, daß einem ein herzhafter Trunk aus einer Flasche mit der Aufschrift ›Vorsicht! Gift!‹ beinah mit Sicherheit früher oder später nicht gut bekommt.
Nun, auf diesem Fläschchen stand nirgends ›Vorsicht! Gift!‹, und deshalb nahm sich Alice ein Herz und kostete davon; und da es sehr gut schmeckte (genauer gesagt, nach einer Mischung aus Kirschtörtchen, Vanillesoße, Ananas, Gänsebraten, Karamel und frischen Buttersemmeln), war sehr bald nichts mehr davon übrig.
»Was für ein ulkiges Gefühl!« sagte Alice. »Anscheinend schiebe ich mich jetzt zusammen wie ein Fernrohr.«
Und so war es in der Tat: sie war höchstens noch eine Spanne groß, und ihre Miene hellte sich auf, als ihr einfiel, daß sie jetzt durch die kleine Tür paßte, um in den herrlichen Garten zu gelangen. Vorher aber wartete sie noch eine Weile ab, ob sie nicht noch weiter am Schrumpfen war; dieser Gedanke beunruhigte sie etwas, »denn es könnte ja passieren«, sagte sich Alice, »daß ich am Ende völlig ausgehe, wie eine Kerze. Wie ich dann wohl aussähe?« Und sie versuchte sich vorzustellen, wie eine Kerzen-

flamme aussieht, nachdem sie ausgegangen ist, denn sie konnte sich nicht erinnern, jemals etwas Derartiges gesehen zu haben. Nach einer Weile sah sie, daß sich nun nichts mehr mit ihr veränderte, und sogleich beschloß sie, in den Garten hinüberzugehen – doch ach! arme Alice: wie sie zu der Tür kam, da hatte sie das goldene Schlüsselchen vergessen, und als sie wieder zu dem Tisch zurückging, zeigte es sich, daß sie da unmöglich mehr hinaufreichen konnte: ganz deutlich konnte sie ihn durch das Glas hindurch liegen sehen, und sie versuchte nach Kräften, an einem Tischbein hinaufzusteigen, aber das war viel zu glatt. Schließlich war das arme Ding vom Klettern so müde geworden, daß es sich hinsetzte und weinte.
»Komm, das hat doch keinen Sinn, derart zu weinen!« rief sich Alice in recht scharfem Tone zu. »Ich rate dir, damit aufzuhören, und zwar sogleich!« Die Ratschläge, die sie sich gab, waren im allgemeinen sehr gut (obgleich sie sie nur sehr selten befolgte), und bisweilen schalt sie sich selbst mit solcher Strenge aus, daß ihr die Tränen kamen; sie konnte sich noch daran erinnern, wie sie einmal versucht hatte, sich selbst eine Ohrfeige zu geben, als sie mit sich selbst Croquet gespielt und sich dabei bemogelt hatte; denn sie war ein merkwürdiges Kind und liebte es über alles, so zu tun, als wäre sie zwei. »Aber jetzt hilft es gar nichts«, dachte die arme Alice, »wenn ich so tue, als wäre ich zwei! Was jetzt noch von mir übrig ist, das reicht ja kaum für *eine* anständige Person!«
Nicht lange, und ihr Blick fiel auf ein Glaskästchen, das unter dem Tisch lag; sie öffnete es und fand darin einen kleinen Kuchen, auf dem mit Korinthen die Worte ›Iß mich‹ in Schönschrift eingebacken waren. »Nun, essen kann ich ihn ja«, sagte Alice; »wenn er mich größer macht, kann ich zu dem Schlüssel hinaufreichen, und wenn er mich kleiner macht, kann ich unter der Tür durchkriechen; in den Garten komme ich so oder so, und also ist es mir ganz gleich, wie herum ich wachse!«
Sie biß ein kleines Stück davon ab und sagte dabei ängstlich zu

sich selbst: »Wie herum? Wie herum?«, wobei sie sich die Hand über den Kopf hielt, um zu sehen, wohin es mit ihr ging, und war recht überrascht, als alles beim alten blieb: das geht zwar meistens so, wenn man Kuchen ißt; doch Alice hatte sich schon so sehr daran gewöhnt, von allen Dingen das Seltsamste zu erwarten, daß ihr der gewöhnliche Lauf der Welt recht dumm und langweilig erschien.

Sie machte sich also über den Kuchen her, und sehr bald war nichts mehr davon übrig.

KAPITEL ZWEI
Der Tränenteich

»Ülkiger und ülkiger!«
rief Alice
(und in ihrer Überraschung
entging ihr,
daß man das eigentlich
gar nicht sagen kann);
»jetzt schiebe ich mich
auseinander wie das
längste Fernrohr,
das es jemals gegeben hat!
Lebt wohl, Füße!«
(denn als sie nach
unten sah,
waren ihre Füße schon kaum
mehr in Sicht, so weit
versanken sie in der Tiefe).
»Ihr armen kleinen Füße,
wer wird euch
jetzt wohl Schuhe und Strümpfe
anziehen?
Ich jedenfalls kann

das bestimmt nicht mehr! Ich bin bald viel zu weit fort, als daß
ich mich um euch noch kümmern könnte; ihr müßt eben sehen,
wie ihr allein zurechtkommt – aber ich muß sie freundlich behandeln«, dachte Alice, »sonst gehen sie vielleicht nicht mehr
dahin, wohin ich will! Ich habs schon: sie sollen von mir jedes
Jahr zu Weihnachten ein Paar neue Stiefel haben.«
Und dann legte sie sich zurecht, wie sie das anfangen würde.
»Sie müssen per Boten gesandt werden«, dachte sie; »und wie
sonderbar das sein wird, Geschenke an die eigenen Füße zu verschicken! wie seltsam sich die Adresse ausnehmen wird:

An S. Wohlgeb.
Den Rechten Fuß von Alice Teppich beim Ofenschirm
Mit bestem Gruß!

Ach, was rede ich für ungereimtes Zeug!« Und dabei stieß sie
auch schon mit dem Kopf gegen die Saaldecke: sie war nämlich nun schon gute drei Meter groß, und sogleich griff sie
nach dem goldenen Schlüsselchen und eilte zur Gartentür.
Arme Alice! Wenn sie sich seitlich hinlegte, konnte sie
mit einem Auge gerade noch in den Garten hinausblicken,
aber mehr auch nicht, und dorthin zu gelangen war aussichtsloser denn je; sie setzte sich auf und begann aufs neue zu
weinen.
»Du solltest dich schämen«, sagte Alice, »ein so großes Mädchen
wie du« (das konnte man wohl sagen!), »und in einem fort so zu
weinen! Sogleich hörst du damit auf!« Aber sie weinte trotzdem weiter und vergoß viele Liter Tränen, bis um sie her ein
großer, ungefähr zehn Zentimeter tiefer Teich entstand, der
den halben Saal hinunterreichte.
Nach einer Weile hörte sie Füße von ferne näher trappeln, und
eilends wischte sie sich die Augen, um zu sehen, was da herangelaufen kam. Es war das Weiße Kaninchen auf dem Rückweg; es war prächtig gekleidet und trug ein Paar weiße Glacéhandschuhe in der einen Hand und einen großen Fächer in der

andern: so kam es in großer Hast angetrabt und murmelte dabei vor sich hin: »Oh, die Herzogin, die Herzogin! Oh, wie wüst wird sie sich aufführen, wenn ich sie warten lasse!« Alice war inzwischen so verzweifelt, daß sie bereit war, jedermann um Rat zu fragen; als daher das Kaninchen näher gekommen war, begann sie mit leiser, schüchterner Stimme: »Bitte, lieber Herr, könnten Sie –« Das Kaninchen schrak heftig zusammen, ließ die weißen Glacéhandschuhe und den Fächer fallen und entwischte, so schnell es seine Beine trugen, in die Dunkelheit. Alice hob den Fächer und die Handschuhe auf, und da es im Saal sehr heiß war, fächelte sie sich zu, während sie weitersprach: »Nein, so etwas! Wie verquer doch heute alles geht! Und dabei war gestern noch alles wie gewöhnlich. Ob ich am Ende heute nacht ausgewechselt worden bin? Also, wie steht es damit – war ich heute morgen beim Aufstehen noch dieselbe? Mir ist es doch fast, als wäre ich mir da ein wenig anders vorgekommen. Aber wenn ich nicht mehr dieselbe bin, muß ich mich doch fragen: Wer in aller Welt bin ich denn dann? Ja, *das* ist das große Rätsel!« Und darauf ging sie in Gedanken alle Kinder in ihrem Alter durch, die sie kannte, um sich zu überlegen, ob sie wohl zu einem von ihnen geworden sein könnte.

»Also Ada bin ich einmal sicher nicht«, sagte sie, »denn ihr Haar hat solche länglichen Kringel, und Kringel hat meines überhaupt keine; und Mabel kann ich erst recht nicht sein, denn ich weiß alles mögliche, und die, die weiß doch nun wirklich nur *so* wenig! Außerdem ist sie doch *sie*, und ich bin *ich*, und – lieber Himmel, wer soll sich denn da noch zurechtfinden! Ich will einmal sehen, ob ich noch alles weiß wie früher. Also: vier mal fünf ist zwölf, und vier mal sechs ist dreizehn, und vier mal sieben ist – aber nein, auf diese Weise komme ich nie bis zwanzig! Aber das Einmaleins zählt ja weiter nicht. Dann schon eher die Geographie. London ist die Hauptstadt von Paris, und Paris ist die Hauptstadt von Rom, und Rom – nein, das ist *bestimmt* alles falsch! Da bin ich also doch mit Mabel vertauscht worden! Ich will einmal aufsagen: ›Wie emsig doch das Bienelein‹«; und sie faltete die Hände im Schoß, wie wenn sie ihre Schulaufgabe hersagen müßte, und fing mit dem Gedicht an; aber ihre Stimme klang heiser und fremd, und die Worte kamen nicht so heraus wie sonst:

Wie emsig doch das Krokodil
    Den Schwanz sich aufgebessert
Und jede Schuppe, fern am Nil,
    Im Golde hat gewässert!

Wie freundlich blickt sein Auge drein,
    Wie klar quillt seine Träne,
Wenn es die Fischlein lockt herein
    In seine milden Zähne!

»Nie und nimmer sind das die richtigen Worte!« sagte die arme Alice, und ihre Augen füllten sich mit Tränen, während sie weitersprach: »Dann bin ich also jetzt wahrhaftig Mabel und muß auch in ihrem schäbigen kleinen Haus wohnen, wo es so gut wie gar kein Spielzeug gibt; und dann erst die ganzen Aufgaben, die ich da noch lernen soll! Nein, da gibt es gar nichts mehr zu überlegen: wenn ich Mabel bin, bleibe ich hier unten! Und sie brauchen dann gar nicht erst die Köpfe herunterzustrecken und zu sagen: ›Komm doch wieder herauf, liebes Kind!‹ Dann schaue ich sie nämlich nur an und sage: ›Wer bin ich denn dann? Das sagt mir erst einmal, und wenn es mir gefällt, wer ich bin, komme ich herauf; aber wenn nicht, bleibe ich hier unten, bis ich jemand anders bin‹ – ach Gott!« rief Alice, und wieder übermannten sie die Tränen, »ich wollte nur, sie streckten endlich ihre Köpfe herunter! Ich mag nun wirklich nicht länger hier alleine sitzen!«

Wie sie das sagte, fiel ihr Blick auf ihre Hände, und da hatte sie zu ihrer Überraschung beim Reden einen von den kleinen weißen Glacéhandschuhen des Kaninchens angezogen. »Wie habe ich das nur fertiggebracht?« dachte sie. »Das muß doch heißen, daß ich jetzt wieder kleiner werde!«

Sie stand auf und ging zu dem Tischchen hinüber, um sich daran zu messen, und entdeckte, daß sie jetzt, so gut sie das abschätzen konnte, ungefähr zwei Fuß maß und dabei noch immer rasch in sich zusammenschrumpfte; sie erkannte bald, daß daran der Fächer schuld war, den sie in der Hand hielt, und ließ ihn schnell fallen, gerade noch rechtzeitig, bevor sie ganz zergangen war.

»Das war einmal knapp!« sagte Alice, erschrocken über die plötzliche Veränderung und gleichzeitig sehr froh, daß sie noch immer da war, »jetzt aber auf in den Garten!« Und so schnell sie konnte, rannte sie zu der kleinen Tür zurück: aber ach! die kleine Tür war wieder verschlossen, und der kleine Schlüssel lag auf dem Glastisch wie zuvor. »Und alles ist überhaupt schlimmer denn je«, dachte das arme Kind, »denn so klein wie jetzt war ich noch gar nie! Das ist doch abscheulich! Abscheulich ist das!«

Bei diesen Worten glitt sie aus, und patsch! schwamm sie auch schon bis zum Kinn in Salzwasser. Ihr erster Gedanke war, daß sie irgendwie ins Merr gefallen sein mußte; »und wenn das so ist, kann ich ja mit der Eisenbahn zurückfahren«, sagte sie sich. (Alice war erst einmal an der See gewesen und dabei ganz allgemein zu dem Schluß gekommen, daß überall, wo das Meer ist, auch eine Anzahl Badewagen zu finden seien, einige Kinder, die mit ihren Holzschaufeln im Sand spielen, eine Reihe von Pensionen und dahinter dann die Eisenbahn.) Schließlich aber erkannte sie doch, daß sie in dem Teich aus Tränen schwamm, den sie geweint hatte, als sie noch drei Meter groß gewesen war.

»Wenn ich doch nicht soviel geweint hätte!« sagte Alice, während sie hin und her ruderte, um aus dem Wasser herauszukommen. »Zur Strafe dafür soll ich jetzt anscheinend in meinen eigenen Tränen ertrinken! Wenn das nicht sonderbar ist! Nun, heute ist ja alles sonderbar.«

Gerade da hörte sie, wie etwas in einiger Entfernung im Teich spritzte, und schwamm näher, um zu sehen, was es war: sie hielt es zuerst für ein Walroß oder ein Nilpferd, aber dann fiel ihr ein, wie klein sie selbst geworden war, und es wurde ihr klar, daß es sich dabei nur um eine Maus handelte, die wie sie ins Wasser gefallen war.

»Könnte es wohl einen Sinn haben«, dachte Alice, »diese Maus anzureden? Hier unten ist alles so ungewöhnlich, daß sie sehr wahrscheinlich sprechen kann; jedenfalls kann ein Versuch nicht schaden.« Sie begann also: »O Maus, weißt du, wie man aus diesem Teich herauskommt? Denn ich bin es leid, hier herumzuschwimmen, o Maus!« (Alice hielt es für das schicklichste, eine Maus so anzureden: sie hatte zwar noch nie Gelegenheit dazu gehabt, erinnerte sich aber an die lateinische Grammatik ihres Bruders, in der zu lesen war: ›Eine Maus – einer Maus – einer Maus – eine Maus – o Maus.‹) Die Maus sah sie etwas fragend an und schien mit einem Äuglein zu zwinkern, sagte aber nichts.

»Vielleicht versteht sie kein Deutsch«, dachte Alice; »ich könnte mir denken, sie ist eine französische Maus und mit Napoleon herübergekommen.« (Denn Alice war zwar sehr gut in Geschichte, hatte aber doch nur recht ungefähre Vorstellungen davon, wie lange etwas zurücklag.) So begann sie also diesmal: »Où est ma chatte?«, denn das war der erste Satz in ihrem Französischbuch. Mit einem Satz sprang die Maus hoch aus dem

Wasser und begann vor Schreck am ganzen Leib zu zittern. »Ach, bitte verzeih!« rief Alice schnell, aus Furcht, sie könnte das arme Tier gekränkt haben. »Ich hatte nicht daran gedacht, daß du Katzen nicht magst.«

»Nicht magst!« rief die Maus mit schriller, leidenschaftlicher Stimme. »Würdest *du* an meiner Stelle vielleicht Katzen mögen?«

»Nun, das vielleicht nicht«, sagte Alice einlenkend, »sei mir nicht böse deswegen. Und doch, ich wollte, ich könnte dir unsere Katze Suse zeigen; ich glaube, du würdest dir auch bald etwas aus Katzen machen, wenn du sie nur sehen könntest. Sie ist ein so liebes, ruhiges Tier«, fuhr Alice halb zu sich selbst gewandt, fort und schwamm dabei müßig im Teich hin und her, »und wenn sie so dasitzt am Ofen und schnurrt und sich die Pfoten leckt und das Köpfchen wäscht – so etwas Nettes, Weiches zum Streicheln – und so eifrig im Mäusefangen – ach, bitte verzeih!« rief sie wiederum, denn diesmal hatten sich der Maus alle Haare gesträubt, und Alice war überzeugt, daß sie nun endgültig beleidigt war. »Wir wollen nicht mehr über Katzen reden, wenn dir das lieber ist.«

»Was soll das heißen: ›Wir‹!« rief die Maus, bis in die Schwanzspitze erbebend. »Als ob *ich* jemals von etwas Derartigem sprechen würde! Katzen hat man in unserer Familie seit jeher *verabscheut:* garstige, niedrige, ekelhafte Geschöpfe! Daß du mir ja nicht noch einmal damit kommst!«
»Nein, bestimmt nicht«, sagte Alice, eifrig darauf bedacht, das Gesprächsthema zu wechseln. »Magst du – magst du – dann vielleicht – Hunde?« Die Maus gab darauf keine Antwort, und Alice fuhr munter fort: »Nicht weit von unserem Haus gibt es nämlich einen so netten kleinen Hund, den würde ich dir gerne zeigen! Einen kleinen Terrier, weißt du, mit wachen Augen, und die schönen braunen Locken, die der hat! Und außerdem kann er apportieren, wenn man etwas davonwirft, und Männchen machen, damit er sein Fressen bekommt, und alle möglichen Kunststückchen, die ich gar nicht alle aufzählen kann, und er gehört einem Bauern, weißt du, und der sagt immer, wie nützlich er außerdem noch ist, und tausend Mark wert, mindestens, denn er fängt die ganzen Ratten und – ach, mein Gott!« rief Alice traurig, »ich glaube, jetzt habe ich sie schon wieder verärgert!« Denn die Maus schwamm davon, so schnell sie konnte, so daß der ganze Teich davon in Aufruhr geriet.
Alice rief ihr begütigend nach: »Liebe Maus! Komm doch wieder zurück, und wir wollen auch nicht mehr über Katzen oder Hunde sprechen, wenn du sie nicht magst!« Als die Maus das hörte, machte sie kehrt und kam langsam zurückgeschwommen; sie war ganz bleich im Gesicht (vor Zorn, dachte Alice) und sagte mit leiser, bebender Stimme: »Wir wollen ans Ufer schwimmen, und dort werde ich dir meine Geschichte erzählen; dann wirst du begreifen, wie es kommt, daß ich Katzen und Hunde verabscheue.«
Es war übrigens auch hohe Zeit zum Aufbruch, denn im Teich wurde langsam der Platz schon eng vor lauter Getier und Vögeln, die hineingefallen waren, und zwar waren das: eine Ente,

ein Marabu, ein Brachvogel und ein Weih und verschiedene andere seltsame Wesen. Alice führte den Zug an, und die ganze Gesellschaft schwamm ans Ufer.

KAPITEL DREI
Ein Proporz-Wettlauf und eine weitschweifige Geschichte

Es war wahrhaftig eine sonderbare Versammlung, die sich da am Ufer traf – die Vögel alle mit strähnigem Gefieder, die Vierbeiner mit festgeklebtem Pelz, und alle zusammen tropfnaß, verdrossen und unbehaglich.

Das Wichtigste war natürlich, wieder trocken zu werden: man beriet sich darüber, und nach kurzer Zeit fand es Alice schon ganz selbstverständlich, mit den Tieren so vertraulich zu reden, als wären es uralte Bekannte. Ja, es kam sogar zu einem längeren Wortwechsel zwischen ihr und dem Marabu, der schließlich mürrisch wurde und nichts mehr anderes sagte als: »Ich bin älter als du und muß es also besser wissen«; das wollte nun Alice nicht zugeben, bevor sie nicht wußte, wie alt er eigentlich war, aber da der Marabu diese Auskunft schlechterdings verweigerte, gab es dazu nichts mehr zu sagen.

Schließlich rief die Maus, die unter ihnen anscheinend als Respektsperson galt: »Setzt euch alle miteinander und hört zu! Ihr sollt es bald trocken haben, dafür will ich schon sorgen!« Alles ließ sich sogleich in einem weiten Kreis nieder, so daß die Maus in der Mitte stand. Alice ließ die Augen nicht von ihr, denn sie war sicher, sich eine ganz schlimme Erkältung zu holen, wenn sie nicht schleunigst wieder trocken würde.

»Ahem!« sagte die Maus mit gewaltiger Miene. »Seid ihr alle bereit? Es folgt nun das Allertrockenste, was mir bekannt ist. Darf ich um allgemeine Ruhe bitten! ›Frühzeitig schon hatte Napoleon sich um die süddeutschen Fürsten bemüht. Dagegen

waren die Unterhandlungen mit Sachsen, Braunschweig und Sachsen-Wei – –‹«
»Hm!« sagte der Weih.
»Brr!« sagte der Marabu und fröstelte.
»Wie belieben?« sagte stirnrunzelnd, doch überaus höflich, die Maus. »Wolltet ihr etwas sagen?«
»Ich?« sagte der Weih.
»Nein«, sagte der Marabu.
»Es schien so«, sagte die Maus.
»Ich darf fortfahren. ›Die Unterhandlungen mit Sachsen, Braunschweig und Sachsen-Weimar waren ins Stocken gekommen. Aber Kurfürst Max Joseph von Bayern lenkte voller Mißtrauen gegen die österreichischen Absichten auf die Seite Napoleons. Er fand es klüger –‹«
»*Was* fand er?« fragte die Ente.
»Es«, antwortete die Maus etwas spitz. »Was ›es‹ ist, wirst du ja wohl noch wissen.«
»Wenn ich etwas finde, weiß ich ganz genau, was ›es‹ ist«, sagte die Ente, »nämlich im allgemeinen ein Frosch oder ein Wurm. Aber hier geht es ja darum, was der Kurfürst von Bayern fand.«
Die Maus überging diesen Einwand und sprach rasch weiter:
»›Er fand es klüger, die bayerischen Regimenter rechtzeitig dem österreichischen Angriff zu entziehen. Napoleon nun –‹ Wie fühlst du dich inzwischen, mein Kind?« unterbrach sich die Maus und wandte sich Alice zu.
»So naß wie zuvor«, sagte Alice niedergeschlagen. »Ich werde davon anscheinend kein bißchen trockener.«
»Unter diesen Umständen«, sagte der Brachvogel und erhob sich, »wird von mir hiermit ein Antrag auf sofortige Unterbrechung eingebracht. Nur durch energische Initiative kann eine derart prekäre Situation –«
»Sprich doch deutsch!« sagte der Weih. »Ich weiß jedenfalls nicht, was diese gelehrten Wörter alle bedeuten, und ich glaube fest, du weißt es selber nicht!« Und dabei senkte der Weih den

Schnabel, um ein Lächeln zu verbergen; auch einige andere Vögel glucksten vernehmbar.

»Ich wollte ja nur sagen«, sprach der Brachvogel beleidigt, »daß das beste Mittel zum Trockenwerden ein Proporz-Wettlauf wäre.«

»Und was ist ein Proporz-Wettlauf?« fragte Alice; nicht etwa, weil sie besonders neugierig darauf war, sondern weil der Brachvogel verstummt war, als ob hier eine Bemerkung am Platze sei und unter den übrigen Zuschauern dazu anscheinend keiner Lust hatte.

»Man kann es am besten erklären«, sagte der Brachvogel, »indem man es macht.« (Und da ihr es vielleicht einmal an einem Wintertag ausprobieren wollt, will ich erzählen, wie der Brachvogel es anstellte.)

Er legte zuerst die Rennbahn fest, eine Art Kreis (»auf die genaue Form kommt es nicht an«, sagte er), und die Mitspieler mußten sich irgendwo auf der Bahn aufstellen, wie es sich gerade traf. Es gab kein »Eins – zwei – drei – los!«, sondern jeder begann zu laufen, wann er wollte, und hörte auf, wie es ihm einfiel, so daß gar nicht so leicht zu entscheiden war, wann der Wettlauf eigentlich zu Ende war.

Nachdem sie indessen ungefähr eine halbe Stunde lang gelaufen und wieder ganz trocken geworden waren, rief der Brachvogel plötzlich: »Ende des Wettlaufs!«, und alle drängten sich, noch ganz außer Atem, um ihn und fragten: »Aber wer ist Sieger?«

Dies konnte der Brachvogel nicht ohne tieferes Nachdenken beantworten, und so saß er längere Zeit hindurch da und legte den Zeigefinger an die Stirn (eine Haltung, in der ihr gewöhnlich Goethe auf den Titelbildern sitzen seht), während ringsum alles schwieg und wartete. Endlich sagte der Brachvogel: »Alle sind Sieger, und jeder muß einen Preis bekommen.«

»Aber wer soll die Preise stiften?« rief ein ganzer Stimmenchor zurück.

»Nun, *sie* natürlich«, sagte der Brachvogel und deutete mit dem Finger auf Alice; und sogleich drängte sich die ganze Schar um sie und rief, wirr durcheinander schreiend: »Preise! Preise!«
Alice wußte sich keinen Rat; in ihrer Verzweiflung steckte sie die Hand in die Tasche, zog eine Tüte mit Fruchtbonbons hervor (die das Salzwasser zum Glück nicht aufgeweicht hatte) und verteilte sie als Preise. Sie reichten gerade aus, daß jeder eins bekam.
»Sie selbst muß doch auch einen Preis bekommen«, sagte die Maus.

»Gewiß«, sagte der Brachvogel sehr ernst. »Was hast du sonst noch in der Tasche?« fuhr er, zu Alice gewandt, fort.
»Nur noch einen Fingerhut«, sagte Alice bedrückt.
»Gib ihn heraus«, sagte der Brachvogel.
Und wieder drängten sich alle an sie heran, während ihr der Brachvogel feierlich den Fingerhut überreichte und dabei sprach: »Habe die Güte, diesen zierlichen Fingerhut von uns entgegenzunehmen«; und nachdem er mit dieser kurzen Ansprache zu Ende war, brachen alle in Beifallsrufe aus.
Alice fand die ganze Geschichte recht unsinnig, aber alle sahen so ernst drein, daß sie sich lieber das Lachen verbiß; und da ihr keine passende Antwort einfallen wollte, nahm sie den Fingerhut mit einer bloßen Verbeugung an und versuchte ein feierliches Gesicht dazu zu machen.
Nun mußten noch die Fruchtbonbons verspeist werden, und das rief einiges Geschrei und Durcheinander hervor, denn die großen Vögel beklagten sich, sie hätten nichts davon geschmeckt, und den kleinen blieb der Bonbon im Halse stecken, so daß ihnen der Rücken geklopft werden mußte. Schließlich aber war alles überstanden, und sie ließen sich wieder im Kreis nieder und baten die Maus weiterzuerzählen.
»Du hast mir doch deine Geschichte versprochen«, sagte Alice, »und woher dein Abscheu kommt vor – K und H, du weißt schon«, fügte sie flüsternd hinzu, um die Maus nicht aufs neue zu verstimmen.
»Meine Geschichte ist traurig«, sagte die Maus. »Aber ich bin von Natur aus weitschweifig, und deswegen fürchte ich, meine Geschichte könnte es auch werden.«
»Was deine Person angeht, so hast du recht«, sagte Alice und sah dabei mit Staunen auf den langen Schwanz der Maus hinunter. »Deine Geschichte also auch?« Und dieser Gedanke beschäftigte sie so sehr, daß sie sich die Geschichte der Maus etwa vorstellte wie folgt:

Die Wut traf die Maus auf
der Treppe im Haus und sprach:
»Setz dich hin, ich
mach dir den
Prozeß.
Komm,
ziere dich
nicht, ich will
halten Gericht,
und zwar
schnell,
weil ich
es sonst
wieder
vergeß.«
Sprach die Maus:
»Gut und schön,
doch Ihr werdet
schon sehn,
ohne
Richter
und
Zeugen
kommt
dabei
nichts
heraus.«
»Ich zeuge,
ich richt«,
sprach der
listige
Wicht,
»erst
mach
ich
das
Urteil
und
dann dir
den Garaus.«

»Du paßt nicht auf!« sagte die Maus streng zu Alice. »Wo bist du denn mit deinen Gedanken?«

»Ich bitte um Verzeihung«, sagte Alice fügsam; »der Schweif war bei der fünften Krümmung angelangt, nicht wahr?«

»Keine Spur!« rief die Maus zornig.

»Ich habe die Spur, glaube ich, selbst verloren«, sagte Alice, blickte unruhig in die Runde und fragte dann, weil sie sich immer gern nützlich machte: »Kann ich dir vielleicht suchen helfen?«

»Davon kann überhaupt keine Rede sein«, sagte die Maus, sprang auf und begann davonzugehen. »Ich lasse mich doch durch dein unsinniges Gerede nicht beleidigen!«

»Ich meinte es doch nicht böse!« sagte Alice flehentlich. »Du bist aber auch gleich so empfindlich.«

Die Maus brummte nur.

»Bitte komm doch zurück, und erzähle deine Geschichte zu Ende!« rief ihr Alice nach, und auch die anderen fielen alle im

Chore ein: »Ja, bleib doch!«, aber die Maus schüttelte nur unwillig den Kopf und beschleunigte ihre Schritte.
»Wie schade, daß sie nicht dableiben wollte!« seufzte der Marabu, als sie verschwunden war; und eine alte Krabbe benutzte die gute Gelegenheit, um ihre Tochter zu mahnen: »Siehst du, mein Kind! Laß es dir eine gute Lehre sein und dich niemals vom Jähzorn übermannen!« – »Halt doch den Mund, Mama!« antwortete die junge Krabbe etwas vorlaut, »mit dir könnte ja sogar einer Auster die Geduld reißen!«
»Ich wollte, unsere Suse könnte hier sein, wirklich!« sagte Alice, ohne sich dabei an jemand Bestimmten zu wenden. »Die hätte sie bald zurückgeholt!«
»Und wer, wenn die Frage erlaubt ist, ist Suse?« fragte der Marabu.
Eifrig, denn über ihr Lieblingstier sprach sie immer gern, antwortete Alice: »Suse ist unsere Katze. Wie scharf die auf Mäuse ist, das könnt ihr euch überhaupt nicht vorstellen! Und wenn ihr sie erst einmal sehen könntet, wenn sie hinter den Vögeln her ist! Sie braucht einen Vogel kaum anzuschauen, und er ist schon so gut wie verspeist.«
Dieser Bericht löste beträchtliche Unruhe in der Versammlung aus. Verschiedene Vögel liefen stracks davon; eine alte Elster hüllte sich sorgsam ein und sagte beiläufig: »Ich muß mich nun wirklich auf den Heimweg machen; die Nachtluft legt sich mir so leicht auf die Stimme!«, und ein Sittich rief seinen Kindern mit bebender Stimme zu: »Auf, auf, ihr Kleinen! Höchste Zeit zum Schlafengehen!« Unter solcherlei Vorwänden machten sich alle hinweg, und bald war Alice allein zurückgeblieben.
»Ich wollte, ich hätte nichts von Suse gesagt!« klagte sie. »Anscheinend kann sie niemand hier leiden, und dabei ist sie gewiß die beste Katze auf der ganzen Welt. Ach, meine liebe Suse! Ob ich dich wohl jemals wiedersehe?« Und darauf begann sie wieder zu schluchzen, weil sie gar so einsam und niedergeschlagen war. Nach einer Weile aber hörte sie wieder kleine Füße näher

trippeln und sah eifrig auf, denn sie hoffte so halb, die Maus hätte sich eines Besseren besonnen und käme zurück, um ihre Geschichte zu Ende zu erzählen.

KAPITEL VIER
Was kommt da den Kamin herab?

Es war das Weiße Kaninchen, das da langsam zurückgetrottet kam und dabei ängstlich nach rechts und links Ausschau hielt, als ob es etwas verloren hätte; und Alice hörte, wie es vor sich hin murmelte: »Die Herzogin! Die Herzogin! Ach, meine schönen Pfoten! Mein Pelz und mein Schnurrbart! Sie wird mich köpfen lassen, oder ein Otter ist kein Otter! Wo *kann* ich sie nur verloren haben?« Alice hatte im Handumdrehen erraten, daß es den Fächer und die weißen Glacéhandschuhe suchte, und gutmütig, wie sie war, begann auch sie nach ihnen zu suchen – aber sie waren nirgends zu finden – alles schien sich seit ihrem Bad im Tränenteich verändert zu haben, und der weite Saal mit dem Glastischchen und der kleinen Tür war völlig verschwunden.

Das Kaninchen wurde sehr bald auf Alice aufmerksam, wie sie da herumsuchte, und rief ihr ärgerlich zu: »Aber Marie! Was hast du denn hier draußen zu suchen? Sogleich läufst du heim und holst mir ein Paar Handschuhe und einen Fächer! Und daß du dich sputest!« Alice war so erschrocken, daß sie spornstreichs in die Richtung lief, in die das Kaninchen gedeutet hatte, und gar nicht erst versuchte, den Irrtum aufzuklären.

»Er hat mich für sein Dienstmädchen gehalten«, sagte sie sich, während sie dahinlief. »Der wird aber Augen machen, wenn er merkt, wer ich bin! Aber den Fächer und die Handschuhe will ich ihm doch lieber holen – das heißt, wenn ich sie überhaupt finde!« Bei diesen Worten kam sie an ein sauberes kleines Haus mit einem blanken Messingschild an der Tür, auf dem der Name ›W. Kaninchen‹ eingraviert war. Ohne anzuklopfen, trat sie ein und lief schnell die Treppe hinauf, denn sie fürchtete, sie könnte der wirklichen Marie begegnen und aus dem Haus gewiesen werden, bevor sie Fächer und Handschuhe gefunden hatte.

»Wie sonderbar das doch ist«, sagte Alice zu sich, »für ein Kaninchen Botengänge zu tun! Wahrscheinlich soll ich nächstens für Suse den Laufburschen machen!« Und gleich stellte sie sich vor, was dann alles passieren würde: »›Fräulein Alice! Hierher, wenn ich bitten darf! Es ist Zeit für den Spaziergang!‹ ›Ich bin gleich soweit, Fräulein, ich muß nur noch das Mausloch bewachen, bis Suse zurück ist, damit die Maus nicht inzwischen herausschlüpft.‹ Aber ich glaube kaum«, dachte Alice weiter, »daß Suse im Haus bleiben dürfte, wenn sie anfinge, die Leute so herumzukommandieren!«

Mittlerweile war sie in ein sauber aufgeräumtes kleines Zimmer gelangt, mit einem Tisch unter dem Fenster, und darauf lagen (ganz wie sie gehofft hatte) ein Fächer und zwei oder drei Paar winzige weiße Glacéhandschuhe; den Fächer und ein Paar Handschuhe nahm sie mit und wollte gerade wieder aus dem Zimmer laufen, als ihr Blick auf ein Fläschchen fiel, das in der Nähe des Spiegels stand. Diesmal war kein Schildchen daran mit der Aufschrift ›Trink mich‹, aber sie entkorkte es trotzdem und führte es an die Lippen. »Irgend etwas Interessantes passiert ja immer«, sagte sie sich, »sobald ich etwas esse oder trinke; ich will doch einmal sehen, wie diese Flasche hier wirkt. Hoffentlich läßt sie mich wieder größer werden, denn langsam bin ich es wirklich leid, so winzig klein herumzulaufen!«

Das tat die Flasche denn auch, und zwar erheblich schneller, als Alice gedacht hatte: sie hatte noch kaum die Flasche halb geleert, als sich ihr Kopf auch schon gegen die Decke preßte und sie sich bücken mußte, um nicht das Genick zu brechen. Rasch stellte sie die Flasche wieder zurück und sagte sich dabei: »So genügt es vollständig – hoffentlich wachse ich nicht noch weiter – durch diese Tür passe ich ohnehin schon nicht mehr – ich

wünschte wirklich, ich hätte nicht soviel davon getrunken!«
Ja, dazu war es freilich zu spät. Sie wuchs weiter und weiter und sah sich sehr bald gezwungen, am Boden niederzuknien; aber selbst dazu war es im nächsten Moment schon zu eng geworden, und sie versuchte, ob es nicht günstiger wäre, wenn sie sich ausstreckte und dabei einen Elllbogen gegen die Tür stützte und sich den anderen Arm um den Kopf schlang. Und noch immer wuchs sie weiter, so daß ihr schließlich nichts weiter übrigblieb, als einen Arm zum Fenster hinauszuzwängen und ein Bein den Kamin hinauf, und sich dann zu sagen: »Mehr geht nun nicht mehr, was auch geschehen mag. Was soll nur aus mir werden?«
Zum Glück hatte das Wunderfläschchen nun seine ganze Wirkung getan, und sie hörte auf zu wachsen: aber auch so fand sie ihre Lage noch unbehaglich genug, und da sie allem Anschein nach nicht die leiseste Aussicht hatte, jemals aus diesem Zimmer wieder herauszukommen, war es kein Wunder, daß ihr kläglich zumute war.

»Da war es zu Hause doch viel angenehmer«, dachte die arme Alice, »da wurde man doch wenigstens nicht ständig größer und kleiner und von Kaninchen und Mäusen herumkommandiert. Ich wollte fast, ich wäre nicht in das Kaninchenloch hineingesprungen – und doch – und doch – merkwürdig ist diese Lebensweise trotzdem! Ich möchte nur wissen, was eigentlich mit mir passiert ist! Früher beim Märchenlesen dachte ich mir immer, solche Dinge könnten ja doch nicht geschehen, und jetzt bin ich selbst mitten in ein Märchen geraten! Da müßte eigentlich auch über mich ein Buch geschrieben werden, ja, das müßte es wirklich. Und wenn ich einmal groß bin, werde ich auch eins schreiben – aber ich bin ja schon so groß«, fügte sie kläglich hinzu, »daß es größer gar nicht mehr geht, wenigstens solange ich hier drinnen bin.«

»Ja, aber«, dachte sie schließlich, »dann werde ich wohl auch überhaupt nie älter als jetzt? Das ist ja auch ein Trost, in einer Weise – dann werde ich nie eine alte Frau – aber – immerzu neue Lektionen lernen müssen? Nein, *das* gefiele mir auch nicht!«

»Ach, du närrische Alice!« antwortete sie sich dann. »Wie willst du denn hier auch noch Lektionen lernen? Es ist ja kaum Platz genug für dich selber, wo sollen denn da noch Schulbücher hinpassen!«

Und so redete sie weiter und sprach einmal dafür und dann wieder dagegen, und es wurde eine ganze Unterhaltung daraus; aber nach einer Weile hörte sie draußen eine Stimme und hielt inne, um zu lauschen.

»Marie! Marie!« rief es. »Sogleich bringst du mir meine Handschuhe heraus!« Und schon trippelten kleine Füße die Treppe herauf. Das konnte nur das Kaninchen sein, das nach ihr suchte, und Alice begann davor so zu zittern, daß das ganze Haus bebte, denn sie dachte nicht mehr daran, daß sie jetzt, rund gerechnet, tausendmal so groß wie das Kaninchen war und keinen Grund zum Fürchten hatte.

Inzwischen war das Kaninchen bei der Türe angelangt und wollte sie öffnen; aber da sie nach innen aufging und Alice dahinter ihren Ellbogen aufgestützt hatte, war das vergebliche Mühe. Alice hörte, wie es zu sich sagte: »Dann gehe ich eben um das Haus herum und steige zum Fenster ein.«

»Das wollen wir doch sehen!« dachte Alice und wartete ab, bis sie glaubte, das Kaninchen unter dem Fenster zu hören; dann spreizte sie plötzlich die Hand, um nach ihm zu haschen. Sie bekam zwar nichts zu fassen, aber sie hörte einen kleinen Schrei, einen Aufprall und dann das Klirren von zerbrochenem Glas; daraus schloß sie, daß das Kaninchen womöglich in ein Winterbeet oder etwas dergleichen gefallen war.

Als nächstes hörte sie das Kaninchen mit zorniger Stimme rufen: »Heinz! Heinz! Wo steckst du denn?«, und eine fremde Stimme antwortete: »Na, hier bin ich eben. Beim Äpfelstechen, Euer Gnaden!«

»Beim Äpfelstechen, was soll das denn heißen!« schimpfte das Kaninchen. »Statt daß du kommst und mir hier heraushilfst!« (Neuerliches Geklirr.)

»Und jetzt, Heinz, kannst du mir vielleicht einmal sagen, was da zum Fenster heraussteht?«

»Na, das ist eben ein Arm, Euer Gnaden!« (Er sprach das Wort aus wie »Aam«.)

»Ein Arm, du Esel! Wo gibts denn einen Arm so groß wie den da? Der füllt ja das ganze Fenster aus!«

»Na, das tut er aber wirklich, Euer Gnaden. Aber ein Aam ist es trotzdem.«

»Also jedenfalls hat er dort nichts zu suchen: geh und tu ihn weg!«

Darauf folgte eine lange Stille, und Alice konnte nur ab und zu jemanden flüstern hören, zum Beispiel: »Na, das will mir aber gar nicht gefallen, Euer Gnaden, schon gleich gar nicht!« – »Tu, was man dir sagt, du Feigling!« Schließlich spreizte sie wieder die Hand auf und fuhr damit durch die Luft. Diesmal waren

zwei kleine Schreie zu hören und noch mehr Glasgeklirr. »Die müssen aber viele Winterbeete haben!« dachte sich Alice. »Was sie jetzt wohl anfangen? Mich zum Fenster herausziehen? Ich wollte nur, das *ginge!* Ich will ja auch nicht ewig hier drinnensitzen!«

Wieder war eine Weile nichts zu hören; schließlich aber rumpelten Wagenräder näher, und viele Stimmen redeten durcheinander. Manchmal konnte sie auch etwas verstehen: »Wo ist die zweite Leiter? – Aber es war doch nur die eine da! die andere hat Egon. – Egon! Bring sie her, mein Junge! – Da an der Ecke mußt du sie anlehnen. – Nein, binde sie doch zuerst zusammen. – Damit kommen wir nie hinauf. – Ach was, die reichen schon, jetzt ist nicht die Zeit zum Meckern. – Da, Egon! Fang das Seil auf! – Ob das Dach auch hält? – Der Ziegel ist locker. – Achtung, er kommt! Köpfe weg!« (ein lauter Krach) – »Wer war denn das schon wieder? – Sicher Egon. – Also, wer steigt den Kamin hinunter? – Ich? Niemals! Mach *du's* doch! – *Ich?* Wieso denn ich? – Egon soll hinunter! – Hörst du, Egon? Der Herr hat gesagt, du sollst den Kamin hinunter!«

»Ach! Also Egon soll den Kamin hinunter, wie?« sagte Alice zu sich. »Alles muß anscheinend Egon machen! Mit Egon möchte ich nicht um vieles tauschen; der Kamin ist zwar recht eng; aber für einen kleinen Tritt reicht es, glaube ich, doch noch!« Sie zog das Bein aus dem Kamin zurück, soweit es ging, und wartete, bis sie etwas Kleines (was es eigentlich war, konnte sie sich nicht denken) mit Poltern und Scharren herunterkommen

hörte, so daß es zuletzt direkt über ihr war; dann sagte sie: »Soviel für Egon!«, stieß einmal kräftig nach oben und wartete, was nun wohl geschah. Als erstes ertönten alle Stimmen im Chor: »Da fliegt Egon!« Dann einzeln die Stimme des Kaninchens: »Fang ihn auf, du bei der Hecke da!«; dann Stille und schließlich neuerliches Stimmengewirr: »Stütz ihm den Kopf auf! – Einen Schluck Kognak. – Langsam, sonst verschluckt er sich. – Na, alter Knabe, wie wars denn? Wie ist das denn passiert? Erzähl doch einmal!«

Endlich vernahm man ein schwaches, piepsendes Stimmchen (»das wird Egon sein«, dachte Alice): »Also, ich weiß selbst kaum – genug jetzt, es geht mir schon wieder besser – ich bin nur noch so aufgeregt, kann noch gar nicht recht erzählen – ich weiß nur noch, plötzlich geht von unten etwas auf mich los wie ein Springteufel, und schon zisch ich ab wie eine Leuchtrakete!«

»Allerdings!« riefen die übrigen.

»Wir müssen das Haus einäschern!« hörte man das Kaninchen sagen; und Alice rief, so laut sie konnte: »Wenn ihr das tut, lasse ich Suse auf euch los!«

Sogleich wurde es totenstill, und Alice dachte bei sich: »Ich bin nur gespannt, was ihnen *noch* alles einfällt! Wenn sie ein bißchen Verstand hätten, würden sie das Dach abnehmen.« Nach einiger Zeit begann es sich drunten wieder zu regen, und Alice hörte das Kaninchen sagen: »Fürs erste wird wohl ein Schubkarren voll reichen.«

»Ein Schubkarren voll *was*?« überlegte Alice; aber sie wurde bald aufgeklärt, denn sogleich kam ein ganzer Regen kleiner Kieselsteine mit Geprassel zum Fenster herein, und ein paar davon trafen sie sogar im Gesicht. »Das muß mir schleunigst aufhören«, sagte sie sich und schrie: »Wenn ihr das noch einmal tut, gehts euch schlecht!« – und sogleich war es wieder mäuschenstill.

Alice sah zu ihrer Überraschung, wie sich die Kieselsteine auf dem Boden alle in kleine Kuchen verwandelten, und dabei

kam ihr ein guter Einfall. »Wenn ich einen solchen Kuchen esse«, dachte sie, »*irgendwie* wird sich meine Größe dann bestimmt wieder ändern; und weil ich unmöglich noch größer werden kann, muß ich davon wohl kleiner werden.«
Sie schluckte also einen Kuchen hinunter, und zu ihrer großen Freude fühlte sie sich sogleich zusammenschrumpfen. Sobald sie dazu klein genug war, rannte sie zur Tür und aus dem Haus hinaus; da stand eine ganze Schar kleiner Tiere und Vögel und wartete. In der Mitte stand Egon, die arme kleine Eidechse, und stützte sich rechts und links auf zwei Meerschweinchen, die ihm etwas aus einer Flasche einflößten. Sie stürzten alle auf Alice zu, sobald sie aus dem Haus trat; aber sie rannte davon, so schnell sie konnte, und kam bald in einen dichten Wald, wo sie in Sicherheit war.
»Als allererstes«, sagte Alice zu sich, während sie durch den Wald schlenderte, »muß ich wieder meine richtige Größe annehmen; das zweite wird sein, mich wieder zu dem schönen Garten zurückzufinden. Das ist wohl der beste Plan.«
Der Plan war ohne Zweifel vortrefflich und außerdem klar und übersichtlich dargelegt; die Schwierigkeit war nur die, daß sie keine Ahnung hatte, wie er sich ausführen ließ; und während sie gerade ängstlich zwischen den Bäumen umherspähte, erscholl über ihr plötzlich ein kurzes, japsendes Bellen, so daß sie rasch den Kopf hob.
Da stand ein riesenhafter junger Hund, schaute mit großen Kulleraugen auf sie herunter und haschte sanft mit einer Pfote nach ihr. »Wo ist denn mein kleines Hündchen?« sagte Alice in besänftigendem Ton und versuchte, ihm etwas vorzupfeifen; aber in Wirklichkeit hatte sie schreckliche Angst, daß er vielleicht hungrig sein könnte, denn dann fraß er sie sehr wahrscheinlich auf, auch wenn sie noch so nett mit ihm spielte.
Fast ohne Überlegung griff sie nach einem kleinen Stock und hielt ihn dem Hündchen hin; das sprang mit allen vieren hoch in die Luft und jaulte vor Vergnügen und raste auf den Stock

los, als wollte es danach schnappen; aber Alice duckte sich schnell hinter eine große Distel, um nicht überrannt zu werden; sobald sie auf der anderen Seite der Distel wieder hervorkam, sauste das Tier wieder auf sie los und überkugelte sich vor Eifer, den Stock zu erwischen. Alice bekam langsam das Gefühl, mit einem Ackergaul zu spielen, und machte sich darauf gefaßt, im nächsten Moment am Boden zerstampft zu werden; schnell lief sie wieder hinter die Distel, und nun machte der Hund

hintereinander viele kleine Sätze auf sie zu und rannte dann jedesmal wieder ein großes Stück fort und gab dabei ein rauhes Gebell von sich, bis er zuletzt ziemlich weit entfernt sitzen blieb, halb die Augen schloß und die Zunge keuchend aus dem Maul hängen ließ.
Das schien Alice eine gute Gelegenheit, sich aus dem Staub zu machen; sogleich lief sie los und rannte, bis sie ganz matt und atemlos war und den Hund nur noch schwach in der Ferne bellen hören konnte.
»Aber es war trotzdem ein sehr liebes Hündchen!« sagte Alice, gegen eine Butterblume gelehnt, um sich auszuruhen, griff nach einem Blatt und fächelte sich damit Luft zu. »Ich hätte ihm gerne ein paar Kunststückchen beigebracht, wenn – wenn ich die richtige Größe dazu gehabt hätte! Ja, richtig! Ich hätte fast vergessen, daß ich wieder größer werden muß! Was das betrifft – wie soll ich das nur anstellen? Wahrscheinlich müßte ich dazu wieder irgend etwas essen oder trinken; die große Frage ist nur: Was?«
Ja, was? Das war wirklich die große Frage. Alice sah sich überall unter den Blumen und Gräsern in ihrer Nähe um, aber sie konnte nichts Eß- oder Trinkbares entdecken, was ihr unter den gegebenen Umständen dazu geeignet erschien. Nicht weit von ihr wuchs ein großer Pilz, ungefähr so groß wie sie selbst; und als sie ihn von unten, von hinten und von beiden Seiten betrachtet hatte, fiel ihr ein, daß sie ebensogut einmal nachsehen könnte, was obendrauf war.
Sie stellte sich auf die Zehenspitzen und spähte über den Rand, und alsbald traf ihr Blick den einer großen blauen Raupe, die mit verschränkten Armen dort oben saß und ruhig aus einer langen Wasserpfeife schmauchte, ohne von ihr oder von irgend etwas anderem auch nur die geringste Notiz zu nehmen.

KAPITEL FÜNF
Beratung durch eine Raupe

Alice und die Raupe sahen sich eine Zeitlang schweigend an; endlich nahm die Raupe die Wasserpfeife aus dem Mund und sprach Alice mit müder, schleppender Stimme an. »Wer bist denn *du*?« sagte sie.
Als Anfang für eine Unterhaltung war das nicht ermutigend. Alice erwiderte recht zaghaft: »Ich – ich weiß es selbst kaum, nach alldem – das heißt, wer ich *war*, heute früh beim Aufstehen, das weiß ich schon, aber ich muß seither wohl mehrere Male vertauscht worden sein.«
»Wie meinst du das?« fragte die Raupe streng. »Erkläre dich!«
»Ich fürchte, ich kann mich nicht erklären«, sagte Alice, »denn ich bin gar nicht ich, sehen Sie.«
»Ich sehe es nicht«, sagte die Raupe.
»Leider kann ich es nicht besser ausdrücken«, antwortete Alice sehr höflich, »denn erstens begreife ich es selbst nicht; und außerdem ist es sehr verwirrend, an einem Tag so viele verschiedene Größen zu haben.«
»Gar nicht«, sagte die Raupe.
»Nun, vielleicht haben Sie diese Erfahrung noch nicht gemacht«, sagte Alice.
»Aber wenn Sie sich einmal verpuppen – und das tun Sie ja eines Tages, wie Sie wissen – und danach zu einem Schmetterling werden, das wird doch gewiß auch für Sie etwas sonderbar sein, oder nicht?«
»Keineswegs«, sagte die Raupe.
»Nun, vielleicht empfinden Sie da anders«, sagte Alice; »ich weiß nur: für *mich* wäre das sehr sonderbar.«
»Für dich!« sagte die Raupe. »Wer bist denn *du*?«
Und damit war sie wieder zum Anfang ihrer Unterhaltung zurückgekehrt. Alice war etwas ungehalten darüber, daß die Raupe so überaus kurz angebunden war, richtete sich empor

und sagte in sehr ernstem Ton: »Ich finde, Sie sollten mir zuerst einmal sagen, wer *Sie* sind.«

»Warum?« sagte die Raupe.

Wieder eine verwirrende Frage; und da Alice kein passender Grund einfallen wollte und die Raupe mehr als schlecht aufgelegt schien, wandte sie sich zum Gehen.

»Komm zurück!« rief die Raupe hinter ihr her. »Ich muß dir noch etwas Wichtiges sagen!«

Das klang freilich vielversprechend; Alice machte kehrt und ging wieder zum Pilz zurück.

»Du mußt dich besser beherrschen«, sagte die Raupe.

»Ist das alles?« fragte Alice und schluckte ihren Zorn hinunter, so gut es ging.

»Nein«, sagte die Raupe.

Alice dachte sich, daß sie ebensogut auch warten könnte, denn etwas Besseres hatte sie nicht zu tun, und am Ende konnte sie von der Raupe vielleicht doch noch etwas Wissenswertes erfahren.

Die paffte einige Minuten lang stumm vor sich hin, doch schließlich tat sie die Arme auseinander, nahm das Mundstück der Wasserpfeife aus dem Mund und sagte: »Also du glaubst, du seiest jemand anderer geworden, wie?«

»Ich fürchte fast, lieber Herr«, sagte Alice; »denn manches fällt mir jetzt nicht mehr ein wie früher – und es vergeht keine Viertelstunde, ohne daß ich nicht größer oder kleiner werde!«

»*Was* fällt dir nicht mehr ein?« fragte die Raupe.

»Nun, ich wollte zum Beispiel aufsagen ›Wie emsig doch das Bienelein‹, und da kam es ganz falsch heraus!« erwiderte Alice bedrückt.

»Dann sag einmal auf ›Ihr seid alt, Vater Franz‹«, sagte die Raupe.

Alice faltete die Hände und begann:

»Ihr seid alt, Vater Franz«, sagte Fränzchen, der Tropf,
  »Und Ihr habt schon schneeweiße Haare;
Und nichtsdestotrotz steht Ihr pausenlos kopf –
  Bedenkt Ihr denn nicht Eure Jahre?«

»Als ich jung war«, der Vater zur Antwort drauf gab,
  »Ließ ichs sein wegen meinem Verstand;
Doch nun, da ich weiß, daß ich gar keinen hab,
  Tu ichs dafür am laufenden Band.«

»Ihr seid alt, Vater Franz, das weiß alle Welt,
  Und so dick und so rund wie ein Faß;
Und kommt doch noch kopfüber ins Zimmer geschnellt –
  Wie erklärt sich nun wiederum das?«

»Als ich jung war«, der Alte sprach, »ward mir zum Glück
  Gegen Gliederversteifung empfohlen
Hier diese Salbe – nur drei Kreuzer das Stück –
  Wieviel davon darf ich dir holen?«

»Ihr seid alt«, sprach der Sohn, »und was Härtres als Mus
  Solltet Ihr schon längst nicht mehr kauen,
Und verspeist doch noch Gänse samt Schnabel und Fuß –
  Wie macht Ihr das, ganz im Vertrauen?«

»Als ich jung war, mein Fränzchen, bevor Mama starb,
  Mußt' ich ihr manches Wortgefecht liefern;
Und die Muskelkraft, die ich mir dabei erwarb,
  Die sitzt mir noch jetzt in den Kiefern.«

»Ihr seid alt«, sprach der Knab', »und das Augenmaß
  Geht im Alter bekanntlich zurück;
Und Ihr balanciert einen Aal auf der Nas –
  Woher nehmt Ihr nur soviel Geschick?«

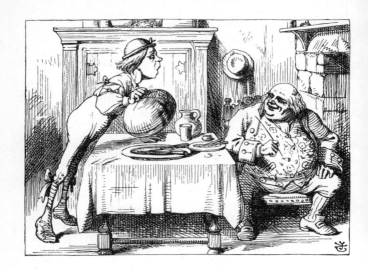

»Drei Fragen, das reicht, du treibst es zu weit!
   Manieren hast du wohl keine?
Meinst du«, sprach der Vater, »ich stehl meine Zeit?
   Fort mit dir! Oder ich mache dir Beine!«

»Das war nicht richtig aufgesagt«, stellte die Raupe fest.
»Nicht *ganz* richtig, fürchte ich«, sagte Alice verzagt. »Manche Wörter sind anders geworden.«
»Es war falsch von vorn bis hinten«, sagte die Raupe nachdrücklich, und einige Minuten lang herrschte Schweigen.
Die Raupe unterbrach die Stille zuerst.
»Welche Größe möchtest du haben?« fragte sie.
»So genau kommt es mir darauf gar nicht an«, sagte Alice eilfertig; »nur möchte man nicht dauernd wechseln, was meinen Sie?«
»Ich meine *gar* nichts«, sagte die Raupe.
Alice schwieg; soviel Widerspruch auf einmal war ihr ihr Lebtag noch nicht vorgekommen, und sie merkte, wie sie langsam die Geduld verlor.
»Bist du zufrieden damit, wie du jetzt bist?« fragte die Raupe.
»Nun, ein klein wenig größer möchte ich schon gern sein, wenn es Ihnen nichts ausmacht«, sagte Alice; »drei Zoll ist doch eine recht armselige Größe!«
»Drei Zoll ist, ganz im Gegenteil, eine sehr schöne Größe!« sagte die Raupe zornig und richtete sich dabei voll auf (sie maß genau drei Zoll).
»Aber ich bin doch nicht daran gewöhnt!« sagte Alice flehentlich, und dabei dachte sie sich: »Wenn diese Wesen hier nur nicht immer gleich beleidigt wären!«
»Mit der Zeit gewöhnt man sich an alles«, sagte die Raupe; und damit steckte sie die Wasserpfeife wieder in den Mund und schmauchte weiter.
Diesmal wartete Alice geduldig, bis sich die Raupe wieder zum Sprechen bequemen würde. Die nahm nach einer oder

zwei Minuten die Wasserpfeife wieder aus dem Mund, gähnte ein paarmal und reckte sich; dann stieg sie vom Pilz herab und kroch durchs Gras davon, wobei sie nur im Vorübergehen kurz bemerkte: »Von der einen Seite wirst du größer und von der anderen kleiner.«

»Eine Seite wovon? Und die andere Seite wovon?« dachte Alice im stillen.

»Vom Pilz«, sagte die Raupe, gerade, als hätte Alice laut gefragt, und war im nächsten Augenblick verschwunden.

Alice betrachtete den Pilz eine Zeitlang nachdenklich, um herauszubringen, wo er wohl seine Seiten hätte; und da er vollkommen rund war, erschien ihr diese Frage nicht ganz leicht. Schließlich aber umfaßte sie ihn mit beiden Armen, so weit sie konnte, und brach mit jeder Hand ein kleines Stück vom Rande ab.

»Gut; aber was tut nun was?« fragte sie sich und knabberte versuchsweise an dem Stück in ihrer Rechten; aber im selben Augenblick bekam sie auch schon einen heftigen Schlag unters Kinn – sie war damit an ihrem Fuß aufgeprallt!

Über diese plötzliche Veränderung war sie sehr erschrocken, aber gleichzeitig hatte sie das Gefühl, als sei jetzt keine Zeit mehr zu verlieren, denn sie schrumpfte noch immer zusehends weiter; so ging sie also daran, etwas von dem anderen Stück abzubeißen. Ihr Kinn drückte sich nun schon so fest gegen den Fuß, daß sie den Mund kaum noch aufbrachte; aber schließlich gelang es ihr doch, und ein kleines Krümelchen aus ihrer Linken glitt ihre Kehle hinab.

»So! Nun habe ich doch wenigstens den Kopf frei!« rief Alice voller Fröhlichkeit aus, die jedoch alsbald in Beängstigung umschlug, als sie ihre Schultern nirgends mehr entdecken konnte: so weit das Auge auch in die Tiefe reichte war da nur ein unendlicher Hals zu sehen, der wie ein Stengel weit unten aus einem grünen Blättermeer aufzusteigen schien.

»Was *ist* das nur für ein grünes Zeug?« sagte Alice. »Und wo in

aller Welt sind denn meine Schultern geblieben? Und meine Hände, ach! wie kommts, daß ich euch nicht mehr sehen kann?« Und während sie dies sagte, fuchtelte sie mit ihnen umher, aber außer einem leichten Schwanken in dem fernen Blättergrün hatte das anscheinend keine Wirkung.
Da ihre Hände offenbar nicht mehr bis zu ihrem Kopf heraufreichten, wollte sie sehen, ob sie nicht umgekehrt mit dem Kopf zu den Händen hinablangen konnte, und bemerkte zu ihrer Freude, daß sich ihr Hals ganz leicht nach allen Seiten krümmen ließ wie eine Schlange. Es war ihr eben gelungen, ihn mit einem anmutigen Schwung nach unten zu biegen, und schon wollte sie damit unter das Laub tauchen (das nichts anderes war als die Baumwipfel, unter denen sie gerade noch spazierengegangen war), als ein heftiges Schwirren sie eilig zurückfahren ließ: eine große Taube war ihr ins Gesicht geflogen und schlug heftig mit ihren Flügeln auf sie ein.
»Schlange!« schrie die Taube.
»Ich bin keine Schlange!« sagte Alice aufgebracht. »Laß mich in Ruhe!«
»Schlange, sage ich!« wiederholte die Taube, wenn auch etwas gedämpfter, und fuhr mit einer Art Aufschluchzen fort: »Nun habe ich alles versucht, und nie paßt es ihnen!«
»Ich weiß überhaupt nicht, wovon du redest«, sagte Alice.
»In einer Wurzel hab ichs versucht, am Ufer hab ichs versucht, unter einer Hecke hab ichs versucht«, klagte die Taube, ohne auf Alice zu hören; »aber diese Schlangen! Denen macht es keiner recht!«
Alice kannte sich allmählich immer weniger aus, aber es erschien ihr wenig sinnvoll, etwas zu antworten, bevor die Taube ausgeredet hatte.
»Als wäre man nicht schon genug geplagt mit dem Ausbrüten!« sagte die Taube; »nein! auch auf Schlangen muß man Tag und Nacht aufpassen! Seit genau drei Wochen habe ich kein Auge zugetan!«

»Es tut mir sehr leid, daß du Ärger gehabt hast«, sagte Alice, die anfing, ihre Rede zu begreifen.
»Und jetzt, wo ich mir den höchsten Baum im ganzen Wald ausgesucht habe«, fuhr die Taube fort und begann dabei immer lauter zu schreien, »wo ich gerade hoffte, ich wäre sie endlich los, da kommen sie jetzt auch noch von oben aus dem Himmel heruntergekrochen! Äh! Schlange, du!«
»Aber ich sage dir doch, ich *bin* keine Schlange!« sagte Alice. »Ich bin – ich bin ein –«
»Nun? Sags doch!« unterbrach sie die Taube. »Das sieht ja jeder, daß du dir erst etwas ausdenken mußt!«
»Ich – ich bin ein kleines Mädchen«, sagte Alice etwas zögernd, weil sie daran denken mußte, wie oft sie sich heute schon verändert hatte.
»Etwas Besseres fällt dir wohl nicht ein?« sagte die Taube mit hohntriefender Stimme. »Ich habe schon genug kleine Mädchen gesehen in meinem Leben, aber einen solchen Hals hat noch keine gehabt! Nein, nein! Eine Schlange bist du, da hilft dir alles Leugnen nichts. Nächstens wirst du mir noch einreden wollen, daß du nicht weißt, wie ein Ei schmeckt!«
»Ich weiß ganz genau, wie ein Ei schmeckt«, sagte Alice, denn sie nahm es mit der Wahrheit sehr genau; »aber kleine Mädchen essen genauso oft Eier wie Schlangen, mußt du wissen.«
»Das machst du mir nicht weis«, sagte die Taube; »aber wenn das wirklich stimmt, dann sind sie eben auch eine Art Schlange, und damit fertig.«
Dieser Gedanke war Alice so neu, daß sie eine ganze Weile stillschwieg, was die Taube sogleich zu der Bemerkung ausnutzte: »Daß du nach Eiern suchst, weiß ich schon längst; und also ist es ganz gleich, ob du ein Mädchen bist oder eine Schlange.«
»*Mir* ist das gar nicht gleich«, sagte Alice rasch; »und zufällig suche ich auch gar keine Eier; und wenn, dann keine von dir – roh mag ich sie nämlich nicht.«
»Dann mach, daß du fortkommst!« sagte die Taube in mürri-

schem Ton und ließ sich wieder in ihrem Nest nieder. Alice duckte sich unter die Bäume, so gut es ging – denn ihr Hals verschlang sich dabei immer wieder in den Zweigen, und dann mußte sie innehalten und ihn entwirren.

Nach einer Weile fiel ihr ein, daß sie ja noch die zwei Pilzstückchen in den Händen hielt, und ging also daran, sehr vorsichtig einmal an dem einen und dann an dem anderen abzubeißen, wobei sie jedesmal entweder in die Höhe schoß oder zusammenfuhr, bis sie sich zuletzt wieder auf ihre richtige Größe gebracht hatte.

Es war schon so lange her, daß sie auch nur annähernd ihre rechte Gestalt gehabt hatte, daß sie sich darin zuerst ganz fremd vorkam; aber gleich hatte sie sich wieder eingewöhnt und fing an, wie es ihre Art war, mit sich selber zu reden.

»So! Zur Hälfte hätten wir den Plan. Wie man da durcheinanderkommt, mit diesen ganzen Veränderungen! Man weiß ja nie, wozu man im nächsten Moment werden wird! Jedenfalls habe ich jetzt wieder die richtige Größe; und jetzt fragt sich, wie ich in den schönen Garten komme – ja, wie soll ich *das* nur anstellen?«

Wie sie so mit sich sprach, kam sie plötzlich an eine Lichtung, in der ein kleines Haus stand, nicht höher als ein Tisch. »Wer da auch wohnt«, dachte Alice, »in meiner jetzigen Größe mich zu zeigen, das geht jedenfalls nicht an; die verlören ja vor Angst den Verstand!« Also knabberte sie wieder ein wenig an dem Stück in ihrer Rechten, und erst als sie sich bis auf neun Zoll zusammengeschoben hatte, wagte sie, auf das Haus zuzugehen.

KAPITEL SECHS
Ein gepfeffertes Ferkel

Eine Weile betrachtete sie das Haus und überlegte sich, was sie nun tun sollte; da kam plötzlich ein livrierter Lakai aus dem

Wald gerannt – und nur wegen seiner Livree hielt ihn Alice für einen Lakai; nach seinem Gesicht zu urteilen, hätte sie eher gesagt, er sei ein Fisch – und klopfte laut mit der Faust an die Tür. Sie öffnete sich, und es erschien ein zweiter livrierter Lakai mit rundem Kopf und Kugelaugen wie ein Frosch; alle beide hatten sie gepuderte, zu kleinen Löckchen gewickelte Perücken auf. Alice war sehr gespannt, was da vor sich gehen sollte, und schlich sich heimlich ein Stück aus dem Wald heraus, um zu lauschen.

Zuerst zog der Lakai mit dem Fischgesicht einen Brief unter dem Arm hervor, der fast so groß war wie er selbst, und über-

reichte ihn mit den feierlich gesprochenen Worten: »Für die Herzogin. Eine Einladung Ihrer Majestät zu einer Croquetpartie.« Der Lakai mit dem Froschgesicht antwortete ebenso feierlich, indem er nur einige Worte vertauschte: »Von Ihrer Majestät. Eine Einladung für die Herzogin zu einer Croquetpartie.«
Darauf machten sie eine so tiefe Verbeugung, daß sich ihre Perücken ineinander verfingen.
Alice mußte darüber so lachen, daß ihr nichts anderes übrigblieb, als in den Wald zurückzulaufen, um nicht entdeckt zu werden; als sie schließlich wieder hervorlugte, war der Lakai mit dem Fischgesicht verschwunden, und der andere hatte sich neben die Tür auf den Boden gesetzt und starrte blöde in die Luft.
Alice ging schüchtern auf die Tür zu und klopfte an.
»Es hat keinerlei Sinn, daß du hier anklopfst«, sagte der Lakai, »und zwar aus zwei Gründen. Erstens bin ich auf der gleichen Seite der Tür wie du selbst; und zweitens machen die da drin einen derartigen Lärm, daß dich unmöglich jemand hören kann.« Und in der Tat rumorte es sehr sonderbar hinter der Tür – es heulte und nieste ununterbrochen, und ab und zu krachte es laut, als sei eine Schüssel oder ein Topf am Boden zerschellt.
»Bitte«, sagte Alice, »wie werde ich wohl hineinkommen?«
»Einen gewissen Zweck hätte dein Klopfen vielleicht«, fuhr der Lakai fort, ohne ihre Frage zu beachten, »wenn wir die Tür zwischen uns hätten. Wenn du etwa *drinnen* wärst und anklopftest, könnte ich dich nämlich zum Beispiel herauslassen.« Dabei schaute er die ganze Zeit geradeaus in die Luft, was Alice durchaus ungehörig fand. »Aber vielleicht kann er nichts dafür«, sagte sie sich dann, »denn seine Augen stehen wirklich *sehr* weit oben am Kopf. Aber Antwort geben könnte er doch jedenfalls. – Wie soll ich also hineinkommen?« wiederholte sie etwas lauter.

»Ich bleibe hier sitzen«, bemerkte der Lakai, »bis morgen –«
Im gleichen Augenblick öffnete sich die Haustür, und ein großer Teller kam herausgesegelt, genau auf den Kopf des Lakaien zu, streifte seine Nase und zerschellte in tausend Scherben an einem Baum hinter ihm.
» – oder vielleicht auch bis übermorgen«, fuhr der Lakai im gleichen Tone fort, als sei nichts geschehen.
»Wie soll ich hineinkommen?« fragte Alice zum drittenmal und noch lauter als zuvor.
»*Sollst* du denn hineinkommen?« fragte der Lakai. »Das ist doch zuerst einmal die Frage, meine ich.«
Das stimmte wohl auch; nur, daß es Alice nicht sehr gern hörte.
»Es ist doch schrecklich«, murmelte sie vor sich hin, »wie einem die Wesen hier das Wort im Munde herumdrehen. Man kann ja verrückt dabei werden!«
Der Lakai hielt anscheinend eine gute Gelegenehit für gekommen, seine vorige Bemerkung zu wiederholen und einige Wörter darin zu vertauschen. »Ich bleibe hier sitzen«, sagte er, »immer wieder und ganze Tage lang.«
»Aber was soll *ich* denn machen?« fragte Alice.
»Was du willst«, sagte der Lakai und begann vor sich hin zu pfeifen.
»Ach, mit ihm zu reden hat ja überhaupt keinen Zweck«, sagte Alice verzweifelt; »er ist vollkommen schwachsinnig.« Und sie machte die Tür auf und trat ein.
Die Tür führte geradewegs in eine große Küche, die von vorn bis hinten rauchgeschwängert war; auf einem dreibeinigen Hocker in der Mitte saß die Herzogin und hielt ein Kind im Arm; und die Köchin stand über den Herd gelehnt und rührte in einem großen Kessel, in dem anscheinend eine Suppe kochte.
»In *der* Suppe ist aber bestimmt zuviel Pfeffer!« sagte Alice zu sich, soweit sie vor Niesen überhaupt sprechen konnte.
In der Luft war ganz gewiß zuviel davon. Selbst die Herzogin nieste gelegentlich; das Kind aber nieste und heulte abwech-

selnd ohne die kleinste Ruhepause. Die einzigen, die davor anscheinend gefeit waren, waren die Köchin und eine große Katze, die am Herd saß und breit vor sich hin grinste.

»Ach, würden Sie mir bitte sagen«, begann Alice ein wenig zaghaft, denn sie wußte nicht genau, ob es sich gehörte, zuerst zu sprechen, »warum Ihre Katze so grinst?«

»Es ist eine Edamer Katze«, sagte die Herzogin, »darum. Ferkel!« Dieses Wort stieß sie mit so großer Heftigkeit aus, daß Alice ordentlich zusammenfuhr; aber sogleich merkte sie, daß nur das Baby damit gemeint war und nicht sie; sie nahm sich also ein Herz und fuhr fort: »Ich wußte gar nicht, daß Edamer Katzen ständig grinsen; oder vielmehr: es ist mir neu, daß Katzen *überhaupt* grinsen können.«

»Können tun es alle«, sagte die Herzogin; »und die meisten machen es auch.«

»Ich weiß von keiner, die es macht«, sagte Alice sehr höflich

und ganz erfreut darüber, daß sich eine Unterhaltung angesponnen hatte.
»Viel weißt du nicht«, sagte die Herzogin; »das steht fest.«
Alice wollte der Ton gar nicht gefallen, in dem dies gesagt wurde, und sie hielt es für richtiger, mit einem neuen Gesprächsthema anzufangen. Während sie sich noch überlegte, was sich dazu wohl eignen könnte, zog die Köchin den Kessel vom Feuer und machte sich sogleich daran, alles, was ihr in die Hände kam, gegen die Herzogin und das Baby zu schleudern – zuerst die Herdringe und dann einen ganzen Regen Töpfe, Teller und Schüsseln. Die Herzogin beachtete sie überhaupt nicht, auch wenn sie getroffen wurde; und das Baby heulte ohnehin schon so laut, daß sich unmöglich sagen ließ, ob ihm die Geschosse weh taten oder nicht.
»O bitte, passen Sie doch auf, was Sie tun!« rief Alice und hüpfte vor Entsetzen auf und ab. »Ach, *nicht* sein kleines, liebes Näschen!« – denn gerade flitzte ein ungewöhnlich großer Topf dicht daran vorbei und hätte es fast mit weggefegt.
»Wenn jeder in seinen eigenen Suppentopf schauen wollte«, brummte die Herzogin dumpf, »dann könnte sich die Welt bedeutend schneller drehen.«
»Das wäre aber keineswegs ein Vorteil«, sagte Alice, die sich sehr über diese Gelegenheit freute, ein wenig von ihrem Wissen vorzuführen. »Stellen Sie sich vor, was dann alles mit Tag und Nacht geschähe! Denn, sehen Sie, die Erde dreht sich genau in vierundzwanzig Stunden einmal um ihre Achse –«
»Achse? Axt, meinst du«, sagte die Herzogin, »gut, daß du mich erinnerst. Hack ihr den Kopf ab!«
Alice sah sich ängstlich nach der Köchin um, ob die den Wink verstanden hatte; aber sie war eifrig beschäftigt, die Suppe zu rühren, und schien nicht zuzuhören, so daß Alice tapfer fortfuhr: »Ich *glaube* wenigstens, vierundzwanzig; oder sind es zwölf? Ich –«
»Laß doch *mich* damit in Frieden«, sagte die Herzogin; »Zahlen

habe ich noch nie ausstehen können!« Und damit begann sie das Kind im Arm hin- und herzuschaukeln und sang dazu eine Art Wiegenlied, wobei sie ihm am Ende von jedem Vers einen heftigen Ruck gab:

> Sprich roh mit deinem kleinen Sohn
> >   Und hau ihn, wenn er niest;
> Er tut es doch nur dir zum Hohn,
> >   Und weil es dich verdrießt.
> > *Refrain*
> (in den die Köchin und das Baby einfielen):
> >   Wau! Wau! Wau!

Bei der zweiten Strophe schleuderte die Herzogin das Baby immer weiter heftig hin und her, und das arme kleine Ding fing so laut an zu heulen, daß Alice kaum die Worte verstehen konnte:

> Ich spreche grob mit meinem Sohn
> >   Und hau ihn, wenn er niest;
> Der Pfeffer schmeckt ihm nämlich schon,
> >   Er ziert sich nur, das freche Biest!
> > *Refrain*
> >   Wau! Wau! Wau!

»Da! Jetzt kannst du ihn halten, wenn du magst!« sagte die Herzogin zu Alice und warf ihr das Baby zu. »Ich muß mich zurechtmachen für die Croquetpartie bei der Königin«, und damit eilte sie aus dem Zimmer. Die Köchin warf ihr beim Hinausgehen noch eine Bratpfanne nach, verfehlte sie aber um weniges.

Alice konnte das Baby nur mit einiger Mühe in ihren Armen auffangen, denn es war sehr merkwürdig gewachsen, und seine Arme und Beine gingen nach allen Richtungen. »Wie bei einem Seestern«, dachte sich Alice. Das arme, kleine Ding schnarchte wie eine Lokomotive, als es bei Alice landete, und krümmte und wand sich zuerst so heftig, daß Alice es kaum festhalten konnte.

Sie hatte bald herausgefunden, wie man es am besten im Arm hielt (man mußte es dazu zu einer Art Knoten schürzen und es dann an seinem rechten Ohr und seinem linken Fuß fest umklammern, damit es nicht wieder aufging), und trug es sogleich hinaus ins Freie. »Wenn ich das Kind nicht mitnehme«, dachte sie sich, »haben die es bestimmt in zwei oder drei Tagen umgebracht; wäre das nicht glatter Mord, wenn ich es zurückließe?« Den letzten Satz hatte sie laut gesagt, und das kleine Ding grunzte zur Antwort (zu niesen hatte es inzwischen aufgehört). »Grunz nicht«, sagte Alice; »das ist keine schickliche Art, sich auszudrücken.«

Wieder grunzte das Baby, und Alice sah ihm besorgt ins Gesicht, um zu sehen, ob ihm etwas fehlte. Soviel stand fest: seine Nase war *sehr* lang und aufgeworfen, eigentlich mehr wie ein Rüssel als eine rechte Nase; und auch seine Augen waren für ein Baby überaus klein geworden – alles in allem wollte Alice sein Aussehen gar nicht gefallen. »Aber vielleicht hat es bloß geschluchzt«, dachte sie und sah nach seinen Augen, ob darin vielleicht Tränen standen.

Nein, Tränen waren da keine. »Wenn du etwa zu einem Ferkel werden willst, mein Kleines«, sagte Alice ernsthaft, »dann will ich mit dir nichts mehr zu schaffen haben. Sieh dich vor!« Das arme, kleine Wesen schluchzte wieder (oder grunzte – das ließ sich einfach nicht entscheiden), und so liefen sie zusammen eine Zeitlang schweigend weiter.

Alice begann sich schon zu fragen: »Was soll ich nur mit diesem kleinen Ding anfangen, wenn ich heimkomme?«, da grunzte es schon wieder, und zwar so kräftig, daß Alice ihm recht verstört ins Gesicht sah. Diesmal *konnte* kein Zweifel mehr sein: in ihren Armen lag ganz einfach ein kleines Ferkel,

und Alice fand es lächerlich, sich noch länger mit ihm abzuschleppen.
Sie setzte das kleine Geschöpf also auf die Erde und war recht erleichtert, als es still durch den Wald davontrabte. »Als Kind wäre es später doch nur grundhäßlich geworden«, sagte sie sich, »aber als Schwein macht es sich, glaube ich, ganz hübsch.« Und sie stellte sich andere Kinder in ihrer Bekanntschaft vor, die sich als Schweinchen gut machen würden, und sagte eben vor sich hin: »Man müßte natürlich das richtige Mittel kennen, um sie dazu zu machen –«, als sie plötzlich, leicht zusammenfahrend, die Edamer Katze wenige Meter vor sich auf einem Zweig sitzen sah.
Die Katze grinste bloß, als sie Alice erblickte. Sie sah ganz gutmütig aus, fand Alice; aber andererseits hatte sie doch reichlich lange Krallen und mehr als genug Zähne, und Alice hielt es daher für das beste, sie mit einigem Respekt zu behandeln.

»Edamer Mieze«, begann sie ein wenig stockend, denn sie war gar nicht sicher, ob ihr diese Bezeichnung wohl angenehm wäre – aber das Grinsen wurde davon nur noch etwas breiter. »Aha«, dachte Alice, »das hat ihr gefallen«, und fuhr fort: »Würdest du mir bitte sagen, wie ich von hier aus weitergehen soll?«
»Das hängt zum großen Teil davon ab, wohin du möchtest«, sagte die Katze.
»Ach, wohin ist mir eigentlich gleich –«, sagte Alice.
»Dann ist es auch egal, wie du weitergehst«, sagte die Katze.
» – solange ich nur *irgendwohin* komme«, fügte Alice zur Erklärung hinzu.
»Das kommst du bestimmt«, sagte die Katze, »wenn du nur lange genug weiterläufst.«
Das konnte Alice freilich nicht leugnen und stellte deswegen lieber eine neue Frage. »Was für Leute wohnen hier in der Gegend?«
»Dort drüben«, sagte die Katze und schwenkte ihre rechte Pfote, »wohnt ein Hutmacher; und hier« – und dabei winkte sie mit der anderen Pfote – »wohnt ein Schnapphase. Du kannst es dir heraussuchen, welchen du besuchen willst – verrückt sind sie beide.«
»Aber ich will doch nicht unter Verrückte gehen!« widersprach Alice.
»Ach, dagegen läßt sich nichts machen«, sagte die Katze; »hier sind alle verrückt. Ich bin verrückt. Du bist verrückt.«
»Woher weißt du denn, daß ich verrückt bin?« fragte Alice.
»Mußt du ja sein«, sagte die Katze, »sonst wärst du doch gar nicht hier.«
»Das ist doch kein Beweis!« dachte sich Alice; aber sie fragte weiter: »Und woher weißt du, daß du selbst verrückt bist?«
»Zunächst einmal«, sagte die Katze, »ist ein Hund doch nicht verrückt. Zugegeben?«
»Meinethalben«, sagte Alice.
»Nun also«, fuhr die Katze fort, »siehst du: ein Hund knurrt,

wenn er zornig ist, und wedelt mit dem Schwanz, wenn er sich freut. *Ich* dagegen knurre, wenn ich mich freue, und wedle mit dem Schwanz, wenn ich zornig bin. Folglich bin ich verrückt.«
»*Ich* nenne das ›schnurren‹, nicht ›knurren‹«, sagte Alice.
»Nenn es, wie du willst«, sagte die Katze. »Kommst du heute zur Croquetpartie bei der Königin?«
»Ich möchte schrecklich gerne«, sagte Alice, »aber ich habe noch keine Einladung dazu bekommen.«
»Wir sehen uns dort«, sagte die Katze und löste sich in Luft auf. Alice war darüber nicht sonderlich verwundert, sie war allmählich daran gewöhnt, daß dauernd etwas Seltsames geschah. Während sie noch auf den leeren Platz sah, tauchte die Katze plötzlich wieder auf.
»Übrigens, was ist aus dem Baby geworden?« sagte die Katze. »Fast hätte ich vergessen, danach zu fragen.«
»Es hat sich in ein Ferkel verwandelt«, sagte Alice ruhig, als sei die Katze auf ganz gewöhnliche Art zurückgekehrt.
»Das hab ich mir gleich gedacht«, sagte die Katze und verschwand wieder.
Alice blieb noch ein Weilchen stehen, weil sie so halb darauf wartete, daß die Katze wiederkäme, aber die blieb fort, und so ging sie nach einiger Zeit in die Richtung, in der der Schnapphase wohnen sollte. »Einen Hutmacher habe ich ja schon öfters gesehen«, sagte sie sich; »ein Schnapphase ist da schon viel interessanter. Vielleicht ist er gar nicht vollständig übergeschnappt.« Dabei blickte sie zufällig nach oben, und da saß die Katze schon wieder auf einem Zweig.
»Sagtest du ›Ferkel‹ oder ›Schnörkel‹?« fragte die Katze.
»›Ferkel‹, sagte ich«, erwiderte Alice; »und übrigens tätest du mir einen großen Gefallen, wenn du etwas weniger plötzlich auftauchen und verschwinden wolltest; man wird ja ganz schwindlig davon.«
»Wie du willst«, sagte die Katze und verschwand diesmal ganz allmählich, von der Schwanzspitze angefangen bis hinauf zu

dem Grinsen, das noch einige Zeit zurückblieb, nachdem alles andere schon verschwunden war.

»So etwas!« dachte Alice; »ich habe zwar schon oft eine Katze ohne Grinsen gesehen, aber ein Grinsen ohne Katze! Das ist doch das Allerseltsamste, was ich je erlebt habe!«

Sie war noch nicht weit gegangen, als sie auch schon das Haus des Schnapphasen erblickte; das mußte es wohl sein, denn die Schornsteine sahen aus wie lange Ohren, und das Haus war mit Fell gedeckt. Aber es war so groß, daß sie nicht hineingehen mochte, bevor sie nicht ein wenig an dem Pilzstückchen in ihrer Linken geknabbert und sich wieder bis auf einen halben Meter auseinandergeschoben hatte; und selbst da noch ging sie etwas zögernd auf die Tür zu und sagte sich dabei: »Wenn er aber nun doch ganz und gar übergeschnappt ist? Fast meine ich, ich hätte doch lieber den Hutmacher besuchen sollen!«

KAPITEL SIEBEN
Aberwitz und Fünf-Uhr-Tee

Unter einem Baum vor dem Haus stand ein gedeckter Tisch, und der Hutmacher und der Schnapphase hatten sich schon daran niedergelassen und tranken Tee; zwischen den beiden saß eine Haselmaus und schlief vor sich hin, während sich ihre zwei Nachbarn mit den Ellbogen auf sie aufstützten und über ihren Kopf hinweg unterhielten. »Unbequem für die Haselmaus«, dachte Alice; »aber da sie schläft, macht es ihr wahrscheinlich nichts aus.«

Der Tisch war schon eher eine Tafel, doch saßen alle drei eng zusammengedrängt in einer Ecke. »Besetzt! Besetzt!« riefen sie, als sie Alice näher treten sahen. »Von besetzt kann doch gar keine Rede sein!« sagte Alice empört und setzte sich in einen großen Sessel am Tischende.

»Ein Schluck Wein?« fragte der Schnapphase einladend.

Alice sah sich auf dem Tisch um, aber da stand nur eine Teekanne. »Ich sehe keinen Wein«, bemerkte sie.

»Ist auch gar keiner da«, sagte der Schnapphase.

»Dann war es nicht sehr höflich, welchen anzubieten«, sagte Alice zornig.

»Es war auch nicht sehr höflich, sich ungebeten an unsern Tisch zu setzen«, sagte der Schnapphase.

»Ich konnte ja nicht wissen, daß es *euer* Tisch war«, versetzte Alice; »es ist für viel mehr als drei gedeckt.«

»Du mußt zum Friseur«, sagte der Hutmacher. Er hatte Alice bisher nur neugierig angeschaut, und dies war sein erster Beitrag zur Unterhaltung.

»Solche direkten Bemerkungen solltest du dir abgewöhnen«, sagte Alice mit einiger Strenge; »sie sind unschicklich.«

Der Hutmacher riß die Augen weit auf, als er das hörte, aber alles, was er *sagte*, war: »Was ist der Unterschied zwischen einem Raben und einem Schreibtisch?«

»Na, jetzt wird es schon lustiger«, dachte Alice, »jetzt kommen Rätsel an die Reihe! – Ich glaube, das bringe ich heraus«, sagte sie laut.

»Du meinst, du wirst es erraten?« fragte der Schnapphase.

»Genau das«, sagte Alice.

»Dann solltest du auch sagen, was du meinst«, fuhr der Schnapphase fort.

»Das tu ich ja«, widersprach Alice rasch; »wenigstens – wenigstens meine ich, was ich sage – und das kommt ja wohl aufs gleiche heraus.«

»Ganz und gar nicht«, sagte der Hutmacher. »Mit demselben Recht könntest du ja sagen: ›Ich sehe, was ich esse‹ ist das gleiche wie ›Ich esse, was ich sehe‹!«

»Mit demselben Recht könntest du ja sagen«, fiel der Schnapphase ein, »›Was mir gehört, gefällt mir‹ ist das gleiche wie ›Was mir gefällt, gehört mir‹!«

»Mit demselben Recht könntest du ja sagen«, fügte die Haselmaus hinzu, die offenbar im Schlafe sprach, »›Solange ich schlafe, leb ich‹ ist das gleiche wie ›Solange ich lebe, schlaf ich‹!«

»In deinem Fall *ist* das auch das gleiche«, sagte der Hutmacher, und daraufhin stockte die Unterhaltung, und alle saßen eine Weile stumm da, während Alice in Gedanken alles durchging, was sie über Schreibtische und Raben wußte, und das war nicht eben viel.

Der Hutmacher unterbrach das Schweigen zuerst. »Den wievielten haben wir heute?« fragte er, sich an Alice wendend; und dabei zog er eine Uhr aus der Tasche, sah sie bekümmert an, schüttelte sie verschiedentlich hin und her und hielt sie sich schließlich ans Ohr.

Alice dachte ein wenig nach und sagte dann: »Den Vierten.«

»Zwei Tage geht sie nach!« seufzte der Hutmacher. »Ich habe dir ja gleich gesagt, Butter ist für das Uhrwerk nichts!« fuhr er fort und sah den Schnapphasen böse an.

»Es war aber echte Tafelbutter«, erwiderte der Schnapphase sanft.

»Das schon, aber es sind eben Krümel mit hineingeraten«, murrte der Hutmacher; »warum hast du auch das Brotmesser dazu nehmen müssen!«

Der Schnapphase griff nach der Uhr und schaute sie mißmutig an; dann tunkte er sie in seinen Tee und betrachtete sie nochmals – aber etwas Besseres als seine Antwort von vorher fiel ihm auch dann nicht ein: »Echte Tafelbutter war das nämlich.«

Alice hatte ihm neugierig über die Schulter gesehen. »Das ist einmal eine komische Uhr!« bemerkte sie. »Die zeigt ja nur Tage an und keine Stunden!«

»Wozu auch!« brummte der Hutmacher. »Zeigt *deine* Uhr vielleicht das Jahr an?«

»Natürlich nicht«, versetzte Alice schlagfertig, »aber das kommt daher, daß es so lange das gleiche Jahr bleibt.«

»Und genau das trifft auch bei *meiner* zu«, sagte der Hutmacher.

Daraus konnte Alice nun gar nicht klug werden. Die Antwort

des Hutmachers schien keinerlei Sinn zu haben, und doch waren alle Wörter darin deutsch. »Ich begreife nicht ganz«, sagte sie, so höflich sie konnte.

»Die Haselmaus schläft schon wieder«, sagte der Hutmacher und setzte in vertraulichem Tone hinzu: »Wir nennen sie unter uns oft einfach nur den Siebenschläfer.« Und dabei griff er zur Teekanne und goß ihr etwas heißen Tee über die Nase.

Die Haselmaus schüttelte unwillig den Kopf und sagte, ohne dabei die Augen zu öffnen: »Gewiß, gewiß; ich wollte eben dasselbe sagen.«

»Hast du das Rätsel schon herausgebracht?« fragte der Hutmacher, wieder zu Alice gewandt.

»Nein, ich gebe es auf«, sagte Alice, »wie heißt denn die Lösung?«

»Keine Ahnung«, sagte der Hutmacher.

»Auch nicht«, sagte der Schnapphase.

Alice seufzte müde auf. »Ich finde, ihr könntet etwas Besseres mit eurer Zeit tun, als sie auf Rätsel ohne Lösung zu verschwenden«, sagte sie.

»Du hast aber unklare Vorstellungen von Zeit!« sagte der Hutmacher. »Wenn du damit so gut bekannt wärst wie ich, würdest du nicht davon reden, daß man *sie* verschwendet. Es ist nämlich ein *Er*.«

»Ich weiß nicht, was du damit sagen willst«, erwiderte Alice.

»Natürlich nicht!« sagte der Hutmacher und warf höhnisch den Kopf zurück. »Wahrscheinlich hast du mit ihm noch nie auch nur zwei Worte gewechselt!«

»Das vielleicht nicht«, räumte Alice nicht ohne Vorsicht ein, »aber ich kenne mich doch sehr gut aus, wenn es zu Haus die Uhrzeit schlägt.«

»Da haben wirs schon!« sagte der Hutmacher. »Schläge läßt er sich nicht gefallen. Aber wenn du dich ein bißchen besser mit ihm stellst, tut er fast alles, was du von ihm haben willst. Stell dir zum Beispiel einmal vor, es ist acht Uhr morgens, und

gleich beginnt die Schule: nur ein Wort in sein Ohr gewispert, und schon sausen die Zeiger wie im Fluge rundum – ein Uhr! Zeit zum Mittagessen!«
(»Wenns nur wieder einmal soweit wäre!« flüsterte der Schnapphase vor sich hin.)
»Das wäre freilich wunderbar«, sagte Alice nachdenklich, »nur – dann hätte ich doch noch gar keinen Hunger!«
»Vielleicht nicht gleich«, sagte der Hutmacher, »aber du könntest es ja ein Uhr sein lassen, solange du wolltest.«
»So macht ihr es wohl hier?« fragte Alice.
Der Hutmacher schüttelte wehmütig den Kopf. »Ach nein!« antwortete er. »Ich habe mich im letzten Frühjahr mit ihm zerstritten, kurz bevor *der* da übergeschnappt ist –« (und dabei deutete er mit dem Teelöffel auf den Schnapphasen) » – da gab nämlich die Herzkönigin ein Festkonzert, und ich mußte das Lied vortragen:

> Weißt du, wieviel Sternlein stehen
> Auf dem weiten Kanapee?

Du kennst das Stück vielleicht?«
»Es kommt mir bekannt vor«, sagte Alice.
»Es geht weiter«, half der Hutmacher nach, »wie folgt:

> Statt daß sie am Himmel baumeln,
> Taumeln sie hier durch den Tee.
>   Taumel, baumel –«

Und hier schüttelte sich die Haselmaus und begann im Schlaf zu singen: »Taumel, baumel, taumel, baumel –«, und zwar so lange immerfort, daß man sie schließlich zwicken mußte, um sie zum Schweigen zu bringen.
»Nun, ich war noch kaum mit der ersten Strophe fertig«, sagte der Hutmacher, »da sprang die Königin auch schon auf und brüllte: ›Er schlägt ja nur Zeit tot! Kopf ab mit ihm!‹«
»So etwas Barbarisches!« rief Alice aus.

»Seit diesem Tag«, fuhr der Hutmacher in kläglichem Ton fort, »erfüllt er mir keine einzige Bitte mehr, und es bleibt immer fünf Uhr.«

Alice kam die Erleuchtung. »Sind vielleicht deswegen so viele Teesachen gedeckt?« fragte sie.

»Allerdings«, seufzte der Hutmacher; »es ist ständig Zeit zum Fünf-Uhr-Tee, und zum Abspülen kommen wir nie.«

»Dann macht ihr also langsam die Runde um den Tisch, oder?« erkundigte sich Alice.

»Genau«, sagte der Hutmacher; »sobald ein Gedeck benutzt ist, rücken wir eins weiter.«

»Aber was passiert dann, wenn ihr wieder zum Anfang zurückkommt?« fragte Alice beherzt weiter.

»Wie wärs denn, wenn wir von etwas anderem sprächen«, fiel der Schnapphase ein und gähnte. »Das ist doch langweilig. Ich bin dafür, daß uns die junge Dame hier etwas erzählt.«

»Aber ich weiß leider nichts«, sagte Alice ziemlich erschrocken über diesen Vorschlag.

»Dann muß die Haselmaus!« riefen sie beide. »Wach auf, Haselmaus!« Und dabei kniffen sie das Tier gleichzeitig von beiden Seiten.

Die Haselmaus hob langsam die Lider. »Ihr meint wohl, ich schlafe?« sagte sie mit heiserer, schwacher Stimme; »ich habe jedes Wort gehört, was ihr drei da gesprochen habt.«
»Erzähl uns was!« sagte der Schnapphase.
»O ja, bitte!« bat Alice.
»Und beeil dich ein bißchen«, fügte der Hutmacher hinzu, »sonst schläfst du wieder ein, bevor die Geschichte zu Ende ist.«
»Es waren einmal drei kleine Schwestern«, begann die Haselmaus mit großer Hast, »die hießen Hilde, Else und Trine und lebten in einem Mühlrad –«
»Wovon denn?« fragte Alice, die sich für alles interessierte, was Essen und Trinken anging.
»Von Karamel«, sagte die Haselmaus, nachdem sie eine Weile nachgedacht hatte.
»Das ist aber nicht gut möglich, oder?« bemerkte Alice dazu sanft; »sie wären ja auf die Dauer krank davon geworden.«
»Das waren sie auch«, sagte die Haselmaus; *sehr* krank sogar.«
Alice versuchte sich diese ungewöhnliche Lebensweise genauer vorzustellen, aber sie kam dabei so durcheinander, daß sie nur noch fragte:
»Warum lebten sie denn in einem Mühlrad?«
»Darf ich dir noch etwas Tee zugießen?« fragte der Schnapphase Alice mit ernster Miene.
»Ich habe ja überhaupt noch keinen bekommen«, versetzte Alice gekränkt, »und darum wirst du mir auch kaum etwas zugießen können.«
»Du meinst, er kann dir nichts *weggießen*«, sagte der Hutmacher; »*zugießen* kann man immer, und zwar um so mehr, je leerer die Tasse ist.«
»Du bist nicht gefragt«, sagte Alice.
»Wer macht denn jetzt die direkten Bemerkungen?« gab der Hutmacher auftrumpfend zurück.
Alice wußte nicht recht, was sie darauf sagen sollte; sie goß sich also lieber Tee ein, griff nach einem Butterbrot und wandte

sich mit ihrer Frage wieder an die Haselmaus: »Warum denn in einem Mühlrad?«
Darüber mußte die Haselmaus wiederum eine Weile nachdenken; dann sagte sie: »Es war eine Karamelmühle.«
»So was gibts doch gar nicht!« fiel ihr Alice ungehalten ins Wort, aber der Hutmacher und der Schnapphase machten: »Sch! Sch!«, und die Haselmaus sagte mürrisch: »Wenn du dich schlecht benehmen willst, kannst du die Geschichte selber zu Ende erzählen.«
»Nein, nein, bitte erzähl doch weiter!« sagte Alice. »Ich will auch nicht mehr dazwischenfragen. *Eine* Karamelmühle gibt es ja vielleicht wirklich auf der Welt.«
»Eine? Daß ich nicht lache!« sagte die Haselmaus beleidigt. Aber sie fand sich doch bereit fortzufahren. »Also, diese drei Schwestern – die wollten mahlen lernen, nicht wahr –«
»Was wollten sie denn malen?« fragte Alice, die ihr Versprechen schon wieder vergessen hatte.
»Karamel«, sagte die Haselmaus, ohne diesmal auch nur einen Augenblick nachzudenken.
»Ich möchte eine saubere Tasse haben«, unterbrach sie der Hutmacher; »wir wollen alle einen Stuhl weiterrücken.«
Bei diesen Worten rutschte er auf den nächsten Platz hinüber und die Haselmaus hinter ihm drein; der Schnapphase setzte sich auf den Platz der Haselmaus, und auch Alice rückte nach, wenngleich ziemlich mißmutig. Als einziger war der Hutmacher bei dem Platzwechsel gut weggekommen – Alice dagegen hatte einen recht schlechten Tausch gemacht, denn der Schnapphase hatte gerade das Milchkännchen über seinen Teller ausgeschüttet.
Alice wollte die Haselmaus nicht schon wieder kränken und sagte daher sehr vorsichtig:
»Ich verstehe nicht ganz. Wie haben sie denn den Karamel malen können?«
»Wenn man mit einer Mehlmühle Mehl mahlen kann«, sagte

der Hutmacher, »dann wird man mit einer Karamelmühle doch auch Karamel mahlen können – eh, Dummerchen?«
»Ich denke, sie wohnten in dem Mühlrad«, sagte Alice, die anzügliche Bemerkung des Hutmachers geflissentlich überhörend, »aber da hätte sich das Rad doch gedreht!«
»Hat es ja auch«, sagte die Haselmaus; »aber deswegen waren sie noch lange nicht radlos.«
Diese Antwort brachte Alice so durcheinander, daß sie die Haselmaus eine ganze Weile nicht mehr unterbrach.
»Sie lernten also malen«, fuhr die Haselmaus fort und begann dabei zu gähnen und sich die Augen zu reiben, denn sie wurde allmählich sehr schläfrig; »und sie malten alle möglichen Sachen – alles, was mit S angeht –«
»Warum mit S?« fragte Alice.
»Warum nicht?« fragte der Schnapphase.
Alice schwieg.
Die Haselmaus hatte inzwischen schon die Augen geschlossen und war eingeschlummert, doch vom Hutmacher in die Seite gezwickt, kam sie leise aufquietschend wieder zu sich und fuhr fort:» – was mit S angeht, wie Sichelbein und Sonne und Seelsorge und Selbstheit – du weißt ja, man sagt oft von etwas, es sei ›die Selbstheit selbst‹ – vielleicht hast du das auch schon einmal gesehen, das Gemälde von einer Selbstheit?«
»Also jetzt, wo du mich fragst«, sagte Alice in größter Verwirrung, »glaube ich nicht –«
»Dann halte den Mund«, sagte der Hutmacher.
Bei soviel Ungezogenheit riß Alice nun endgültig die Geduld, und ganz angewidert stand sie auf und schritt davon; die Haselmaus schlief auf der Stelle ein, und von den beiden andern schien keiner ihr Fortgehen auch nur zu bemerken, wiewohl sie sich ein- oder zweimal umdrehte in der halben Hoffnung, man würde sie zurückrufen. Das letzte, was sie von ihnen sah, war, wie sie zu zweit versuchten, die Haselmaus in die Teekanne zu stopfen.

»*Die* sehen mich jedenfalls bestimmt nicht wieder!« sagte Alice, während sie ihren Weg durch die Bäume suchte. »Bei einem so dummen Fünf-Uhr-Tee bin ich mein Lebtag noch nicht gewesen!«

Wie sie das sagte, bemerkte sie, daß einer der Bäume in ihrer Nähe eine richtige Eingangstür hatte. »Das ist doch seltsam!« dachte sie. »Aber heute ist ja alles seltsam. Am besten gehe ich gleich hinein.«

Gesagt, getan – und schon stand sie wieder in dem weiten Saal, dicht neben dem kleinen Glastisch. »Diesmal stelle ich mich aber nicht mehr so dumm an«, sagte sie sich und nahm als erstes das goldene Schlüsselchen vom Tisch und schloß damit die Tür auf, die in den Garten hinausführte. Dann knabberte sie ein wenig an dem Pilzstückchen (das sie in ihrer Tasche verwahrt hatte), bis sie nur noch ungefähr eine Spanne groß war; ging dann den niedrigen Gang entlang – und da stand sie auch schon mitten in dem wunderschönen Garten mit seinen bunten Blumenbeeten und kühlplätschernden Springbrunnen.

KAPITEL ACHT
Königliche Croquetpartie

Nicht weit vom Eingang stand ein hohes Rosenbäumchen, das weiße Rosen trug, doch waren drei Gärtner damit beschäftigt, sie eifrig mit roter Farbe anzumalen. Alice kam das sehr merkwürdig vor, und als sie näher hinzutrat, um ihnen zuzuschauen, hörte sie einen von ihnen rufen: »Paß doch auf, Fünf! Du spritzt mich ja überall voll mit deiner Farbe!« »Dafür kann ich nichts«, sagte Fünf mürrisch. »Sieben hat mich geschubst.« Da schaute Sieben auf und sagte:

»Natürlich, Fünf, nur immer fest den anderen die Schuld in die Schuhe geschoben!«

»*Du* sei nur lieber ganz still!« sagte Fünf. »Erst gestern habe ich gehört, wie die Königin sagte, daß du eigentlich geköpft gehörst!«

»Wofür denn?« fragte der, der zuerst gesprochen hatte.
»Das geht dich gar nichts an, Zwei!« sagte Sieben.
»Doch geht es ihn etwas an!« sagte Fünf, »und ich sage es ihm auch – weil du dem Koch Tulpenzwiebeln gebracht hast statt richtiger Zwiebeln.«
Sieben warf seinen Pinsel zu Boden und fing gerade an: »Also, da hört sich doch alles auf –«, als sein Blick auf Alice fiel, die vor ihnen stand; er verstummte, die anderen wandten sich um, und dann machten sie alle zusammen einen tiefen Bückling.
»Bitte, wollt ihr mir sagen«, begann Alice etwas befangen, »warum ihr die Rosen hier anmalt?«
Fünf und Sieben sagten nichts und schauten nur Zwei an. Da sagte Zwei mit leiser Stimme: »Ja, das ist so, Fräulein, hierher sollte eigentlich ein roter Rosenstock kommen, und wir haben aus Versehen einen weißen eingesetzt; und wenn das die Königin erfährt, werden wir nämlich alle miteinander geköpft; und deswegen, das verstehen Sie schon, Fräulein, tun wir alles, was wir nur können, bevor sie kommt, damit –« In diesem Augenblick rief Fünf, der schon dauernd ängstlich über den Garten hingeblickt hatte: »Die Königin! Die Königin!«, und sogleich warfen sich die drei Gärtner flach auf die Erde. Das Geräusch von vielen Schritten wurde vernehmbar, und Alice wandte sich gespannt um. Als erstes kamen zehn Soldaten mit geschulterten Piken; sie waren von gleicher Gestalt wie die Gärtner, nämlich von der Form flacher Rechtecke, aus deren Ecken die Hände und Füße herausragten. Dann kamen die Höflinge, über und über mit Kreuzen und Schellen geschmückt und wie die Soldaten paarweise aufgestellt. Nun kamen die Prinzen und Prinzessinnen, wiederum zehn an der Zahl; sie hielten sich an den Händen und sprangen zu zwei und zwei ganz allerliebst daher; sie trugen lauter Herzen als Schmuck. Als nächstes kamen die Gäste, meist Könige und ihre Königinnen, doch entdeckte Alice darunter auch das Weiße Kaninchen, das sich hastig und aufgeregt unterhielt und zu allem, was man ihm

sagte, lächelte und im übrigen an Alice vorüberging, ohne sie zu bemerken. Nun kam der Herzbube, der die Königskrone auf einem scharlachroten Samtkissen vor sich hertrug; und schließlich, zum Abschluß des prächtigen Zuges,

IHRE MAJESTÄTEN DER HERZKÖNIG
UND DIE HERZKÖNIGIN.

Alice überlegte, ob es nicht angebracht sei, sich wie die drei

Gärtner zu Boden zu werfen, doch konnte sie sich nicht erinnern, bei Umzügen je von einer solchen Vorschrift gehört zu haben; »und außerdem«, dachte sie, »was für einen Sinn sollten denn Umzüge haben, wenn sich dabei alle Zuschauer aufs Gesicht legen müßten und gar nichts davon sehen könnten?« Also blieb sie stehen und wartete ab.
Als der Zug vor Alice angekommen war, blieb alles stehen und sah sie an, und die Königin fragte streng:
»Wer ist das?«
Die Frage war an den Herzbuben gerichtet, der zur Antwort nur eine Verbeugung machte und höflich lächelte.
»Schwachkopf!« sagte die Königin und warf unwillig den Kopf zurück; dann wandte sie sich Alice zu und fragte: »Wie heißest du, Kind?«
»Mit Verlaub, ich heiße Alice, Euer Majestät«, sagte Alice sehr höflich; doch fügte sie in Gedanken hinzu: »Aber die sind doch nur ein Kartenspiel; da brauche ich keine Angst zu haben!«
»Und wer sind *die*?« fragte die Königin und deutete auf die drei Gärtner, die noch immer rund um das Rosenbäumchen lagen; denn sie lagen ja auf dem Gesicht, müßt ihr verstehen, und da sie auf dem Rücken das gleiche Muster hatten wie alle anderen Karten auch, konnte sie nicht erkennen, ob es Gärtner, Soldaten, Höflinge oder drei ihrer eigenen Kinder waren.
»Woher soll denn *ich* das wissen?« sagte Alice, von ihrem eigenen Mut überrascht, »das geht doch *mich* nichts an!«
Die Königin wurde puterrot vor Zorn, und nachdem sie Alice eine Weile wild wie eine Bestie angestarrt hatte, schrie sie: »Kopf ab mit ihr! Ab sag ich –«
»Papperlapapp!« sagte Alice laut und entschieden, und die Königin verstummte.
Der König legte ihr beruhigend die Hand auf den Arm und sagte zaghaft: »Bedenk doch, liebe Frau – ein bloßes Kind!«
Die Königin drehte ihm wütend den Rücken zu und sagte zu dem Herzbuben: »Wendet sie um!«

Der Herzbube klappte die Gärtner sorgfältig mit einer Fußspitze auf die andere Seite.
»Aufstehen!« rief die Königin mit schriller, lauter Stimme, und die drei Gärtner sprangen sogleich in die Höhe und fingen an, sich zu verneigen, vor dem König, der Herzdame, den Königskindern und allen übrigen.
»Schluß damit!« schrie die Königin. »Mir wird schwindlig.« Dann wandte sie sich zu dem Rosenstock um und fuhr fort: »Was war denn *hier* wieder los?«
»Mit Verlaub, Euer Majestät«, sagte Zwei im demütigsten Tonfall und ließ sich dabei auf ein Knie nieder, »wir wollten nur –«
»Ich *bin* schon im Bilde!« sagte die Königin, die sich inzwischen die Rosen genauer angesehen hatte. »Kopf ab mit ihnen!«, und damit setzte sich der Zug wieder in Bewegung; nur drei Soldaten blieben zurück, um die unseligen Gärtner hinzurichten, die aber schutzsuchend zu Alice rannten.
»Ihr sollt nicht geköpft werden«, sagte Alice und steckte sie in einen großen Blumentopf, der in der Nähe stand. Die drei Soldaten liefen noch eine Weile auf der Suche nach ihnen umher und marschierten dann ruhig hinter den anderen davon.
»Sind ihre Köpfe ab?« schrie die Königin.
»Mit Verlaub, ihre Köpfe sind fort!« schrien die Soldaten.
»Gut!« schrie die Königin. »Kannst du Croquet spielen?«
Die Soldaten schwiegen still und sahen Alice an; die Frage galt offenbar ihr. »Ja!« schrie Alice.
»Dann los!« brüllte die Königin, und Alice mischte sich unter den Zug, gespannt, was nun passieren würde.
»Ein – ein sehr schöner Tag heute!« sagte eine zaghafte Stimme neben ihr. Sie war neben dem Weißen Kaninchen einhergegangen, das nun ängstlich ihr Gesicht beobachtete. »Sehr schön«, sagte Alice. »Wo ist denn die Herzogin?«
»Sch! Leise!« flüsterte das Kaninchen rasch. Dabei sah es sich ängstlich um, stellte sich dann auf die Zehenspitzen und raunte ihr ins Ohr: »Sie ist zum Tode verurteilt.«

»Wofür denn?« fragte Alice.
»Sagtest du: ›Wie schade!‹?« fragte das Kaninchen zurück.
»Nein«, sagte Alice, »ich finde das gar nicht schade. Ich sagte: ›Wofür denn?‹«
»Sie hat die Königin geohrfeigt –«, fing das Kaninchen an, und Alice schrie vor Lachen leise auf. »Still doch!« flüsterte das Kaninchen erschrocken. »Die Königin wird dich noch hören! Das kam so, sie hatte sich ziemlich verspätet, und als die Königin sagte –«
»Auf die Plätze!« schrie die Königin mit Donnerstimme, und sogleich rannte alles blind drauflos und stolperte übereinander; nach einer Weile aber hatten sie sich alle ordentlich aufgestellt, und das Spiel begann. Alice hatte noch nie einen so seltsamen Croquetplatz gesehen: er bestand nur aus Hügeln und Furchen; die Kugeln waren Igel, die sich zusammengerollt hatten, die Schläger waren Flamingos, und die Soldaten mußten sich in der Mitte umbiegen und, auf Händen und Füßen stehend, die Tore abgeben.
Am schwierigsten fand Alice dabei, mit ihrem Flamingo zurechtzukommen; seinen Leib brachte sie zwar sehr bequem unter dem Arm unter, wobei die Beine neben ihr herunterbaumeln konnten, aber wenn sie seinen Hals endlich schön geradegebogen hatte und mit dem Kopf auf den Igel einschlagen wollte, hatte das Tier eine Art, sich umzudrehen und ihr mit einem so verwunderten Ausdruck ins Gesicht zu sehen, daß sie jedesmal laut herauslachen mußte; und wenn dann der Kopf zum Weiterspielen glücklich wieder unten war, ausgerechnet dann hatte der Igel sich wieder aufgerollt und wollte davonkriechen; außerdem war dort, wohin sie den Igel haben wollte, in der Regel ein Erdhügel oder eine Furche im Weg, und da auch noch die umgebogenen Soldaten unaufhörlich aufstanden und an eine andere Stelle liefen, kam Alice bald zu dem Schluß, daß es mit diesem Spiel seine großen Schwierigkeiten habe.

Die übrigen Spieler spielten alle gleichzeitig und ohne jede feste Reihenfolge; sie kamen sich dauernd in die Haare und stritten sich um die Igel, so daß die Königin sehr schnell in eine rasende Wut geriet und durch die Gegend stampfte, wobei sie in kurzen Abständen ausrief: »Kopf ab mit ihm!« oder: »Kopf ab mit ihr!«

Alice wurde es langsam sehr unbehaglich zumut; bis jetzt hatte sie zwar mit der Königin noch nicht Streit bekommen, aber sie wußte recht gut, daß das jeden Augenblick geschehen konnte. »Und was soll dann aus mir werden?« dachte sie; »man hat hier ja eine schrecklich große Vorliebe fürs Köpfen; mich wundert bloß, daß überhaupt noch jemand am Leben ist!«

Schon schaute sie sich nach einem Fluchtweg um und erwog ihre Aussichten, unbemerkt zu entkommen, als sie auf eine merkwürdige Erscheinung in der Luft aufmerksam wurde. Zuerst konnte sie sich gar keinen Vers darauf machen, doch nachdem sie sie eine Weile beobachtet hatte, wurde darin ein

Grinsen erkennbar. »Die Edamer Katze!« sagte sie sich, »nun bekomme ich doch wenigstens Gesellschaft.«
»Wie kommst du zurecht?« fragte die Katze, sobald Maul genug zum Sprechen erschienen war.
Alice wartete ab, bis die Augen hinzugekommen waren, und nickte ihnen dann zu. »Es hat keinen Sinn«, dachte sie, »wenn ich mit ihr rede, bevor die Ohren da sind, oder doch wenigstens eins davon.«
In kurzer Zeit war der ganze Kopf aufgetaucht, und nun setzte Alice den Flamingo ab und berichtete über das Spiel, sehr froh darüber, daß sie jemand zum Zuhören hatte. Der Katze schien der bisher aufgetauchte Teil auszureichen, und sie ließ nichts weiter von sich erscheinen.
»Bei dem Spiel geht es nicht mit rechten Dingen zu«, begann Alice sich zu beklagen, »und alle streiten so furchtbar, daß man sein eigenes Wort nicht mehr versteht – und Regeln gibt es anscheinend überhaupt keine; oder wenn es welche gibt, hält sich keiner daran – und du kannst dir gar nicht vorstellen, wie man durcheinanderkommt, wenn das ganze Spielgerät lebendig ist; mein nächstes Tor zum Beispiel läuft gerade dort hinten auf dem Spielfeld herum – und ich hätte bestimmt gerade den Igel der Königin eroquiert, wenn er nicht vor dem meinen davongelaufen wäre!«
»Wie gefällt dir die Königin?« fragte die Katze halblaut.
»Ganz und gar nicht«, sagte Alice; »sie ist so überaus –« Da wurde sie gewahr, daß die Königin dicht hinter ihr stand und zuhörte, und fuhr daher fort: » – geschickt im Croquetspielen, daß es sich gar nicht recht lohnt, wenn man sich anstrengt.«
Die Königin lächelte und schritt weiter.
»Mit wem sprichst du da eigentlich?« fragte der König, indem er auf Alice zutrat und den Katzenkopf mit großer Neugier betrachtete.
»Das ist eine Freundin von mir – eine Edamer Katze«, sagte Alice; »erlaubt, daß ich sie vorstelle.«

»Sie will mir gar nicht gefallen«, sagte der König; »aber wenn sie will, darf sie mir die Hand küssen.«
»Nein, danke«, bemerkte die Katze.
»Sei nicht so unverschämt«, sagte der König, »und sieh mich gefälligst nicht so furchtlos an.« Und dabei versuchte er, sich hinter Alice zu verstecken.
»Eine Katze braucht den König nicht zu fürchten«, sagte Alice. »Das habe ich irgendwo gelesen, aber wo, weiß ich nicht mehr.«
»Nun, jedenfalls muß sie entfernt werden«, sagte der König sehr entschieden und rief der Königin, die gerade vorüberging, zu: »Liebe Frau, ich wünschte, du könntest mir diese Katze hier entfernen lassen!«
Die Königin kannte nur eine Art, kleinere oder größere Schwierigkeiten aus dem Weg zu räumen. »Kopf ab mit ihr!« sagte sie, ohne sich umzudrehen.
»Ich hole den Scharfrichter lieber selbst«, sagte der König voller Eifer und eilte davon.
Alice hielt es für das beste, doch lieber wieder zurückzugehen und zu sehen, wie es mit dem Spiel stand, denn die Wutschreie der Königin tönten aufs neue aus der Ferne herüber. Alice hatte gehört, wie sie schon drei Mitspieler zur Hinrichtung verurteilt hatte, nur weil sie nicht gemerkt hatten, daß die Reihe an ihnen war; und es begann ihr ein wenig unwohl in ihrer Haut zu werden, da das Spiel völlig durcheinandergeraten war und sie nie wußte, ob sie an der Reihe war oder nicht. So machte sie sich also auf die Suche nach ihrem Igel.
Ihr Igel balgte sich gerade mit einem zweiten, und das schien Alice eine gute Gelegenheit, die beiden Kugeln miteinander zu croquieren; die Schwierigkeit dabei war nur die, daß ihr Flamingo inzwischen quer über den Garten gestelzt war, wo er auf eine täppische Art in eine Baumkrone hinaufzufliegen versuchte.
Bis sie den Flamingo wieder eingefangen und herbeigetragen hatte, war der Kampf zwischen den Igeln vorbei, und sie waren

beide verschwunden. »Aber das macht nicht viel«, dachte Alice, »denn die Tore sind ja von dieser Spielplatzhälfte auch längst abgewandert.« Sie nahm den Flamingo also unter den Arm, damit er nicht wieder entwischte, und ging zurück, um mit ihrer Freundin noch ein wenig weiterzuplaudern.

Als sie zu der Edamer Katze zurückkam, fand sie zu ihrer Überraschung eine recht beträchtliche Menge um sie versammelt. Der König, die Königin und der Scharfrichter stritten sich miteinander und sprachen alle zugleich, während die übrigen still und beklommen dabeistanden.

Als Alice hinzutrat, wurde sie von allen dreien gebeten, den

Streit zu schlichten. Sie trugen ihr die Beweise vor, aber da sie alle zugleich redeten, fand es Alice äußerst schwierig, auseinanderzuhalten, was sie im einzelnen vorbrachten.

Der Beweis des Scharfrichters war, daß sich ein Kopf nur köpfen ließe, wenn auch ein Leib da sei, von dem man ihn abhacken könnte; daß so etwas noch nie jemand von ihm verlangt habe und daß er nicht im Traum daran denke, in seinen Jahren mit dergleichen noch anzufangen.

Der Beweis des Königs war, daß man alles köpfen kann, was einen Kopf hat, und er solle gefälligst kein dummes Zeug reden.

Der Beweis der Königin war, daß sie, wenn hier nicht schleunigst etwas geschehe, *alle*, wie sie dastünden, köpfen ließe. (Und diese letzte Bemerkung war es gewesen, die die allgemeine Stille und Beklemmung ausgelöst hatte.)

Das einzige, was Alice einfiel, war: »Die Edamer Katze gehört der Herzogin; vielleicht sollte man die fragen.«

»Die sitzt im Gefängnis«, sagte die Königin zum Scharfrichter; »man führe sie vor.« Und der Scharfrichter sauste davon wie ein Pfeil.

Sobald er losgelaufen war, begann der Kopf der Edamer Katze langsam zu verschwimmen, und als der Scharfrichter mit der Herzogin zurückkam, war nichts mehr davon da; der König rannte mit dem Scharfrichter wild durch die Gegend, um sie zu suchen, während die übrige Versammlung sich zum Spiel zurückbegab.

KAPITEL NEUN
Die Erziehung einer Falschen Suppenschildkröte

»Ich kann dir gar nicht sagen, wie es mich freut, dich wiederzusehen, mein liebes Herzchen«, sagte die Herzogin, indem sie sich bei Alice einhakte und sie beiseite führte.

Alice war sehr froh, daß die Herzogin diesmal so freundlich

aufgelegt war, und dachte sich im stillen, daß es bei ihrem ersten Zusammentreffen in der Küche vielleicht nur der viele Pfeffer gewesen war, der sie so wild gemacht hatte.

»Wenn *ich* einmal Herzogin bin«, sagte sie sich (wenn auch nicht sehr zuversichtlich), »kommt mir keinerlei Pfeffer in die Küche. Suppe schmeckt auch ohne – und vielleicht ist es immer nur der Pfeffer, wenn die Menschen scharfzüngig werden«, fuhr sie fort, ganz stolz, daß sie da eine neue Regel entdeckt hatte; » – und vom Essig werden sie säuerlich – und vom Kamillentee werden sie bitter – und – und von Schlagrahm und so weiter werden die Kinder mild. *Das* sollten sich die Leute nur einmal merken, vielleicht wären sie dann nicht mehr so geizig damit, nicht wahr? –«

Sie dachte inzwischen schon gar nicht mehr an die Herzogin und fuhr daher ein wenig zusammen, als sie dicht am Ohr ihre Stimme sagen hörte: »Du bist in Gedanken, meine Liebe, und deswegen vergißt du, etwas zu sagen. Ich bin im Moment nicht ganz sicher, was die Moral davon ist, aber es fällt mir schon wieder ein.«

»Vielleicht hat es keine«, wandte Alice vorsichtig ein.

»Schnickschnack, mein Kind!« sagte die Herzogin. »Alles hat seine Moral, man muß nur ein Auge dafür haben.« Und dabei schob sie sich noch dichter an Alice heran.

Es war Alice nicht sehr lieb, daß sie ihr so nahe kam, denn erstens war die Herzogin wirklich *sehr* häßlich; und zweitens reichte sie gerade so weit in die Höhe, daß sie ihr Kinn Alice auf die Schulter legen konnte – und zwar ein unangenehm scharfkantiges Kinn.

Alice wollte trotzdem nicht unhöflich erscheinen und nahm es möglichst gelassen hin.

»Mit dem Croquetspiel geht es jetzt anscheinend etwas besser«, sagte sie. »'s ist wahr«, sagte die Herzogin; »und die Moral davon ist: ›Liebe, ach, nur Liebe machts, daß die Welt sich dreht!‹«

»Es hat aber auch schon geheißen«, flüsterte Alice, »sie drehte

sich bedeutend schneller, wenn jeder in seinen eigenen Suppentopf schaute!«

»Je nun! Das kommt so ziemlich aufs gleiche heraus«, sagte die Herzogin, und indem sie Alice ihr spitzes Kinn in die Schulter bohrte, fuhr sie fort: »Und die Moral *davon* ist: ›Sorge dich nur um das Was, und das Wie kommt von selbst!‹«

»Wie gern sie für alles eine Moral sucht!« dachte Alice im stillen.

»Du wunderst dich sicher, warum ich dich nicht fester umschlungen halte«, sagte die Herzogin nach kurzem Schweigen; »aber das ist nur, weil ich nicht weiß, ob dein Flamingo auch zahm aufgelegt ist. Soll ich es auf eine Probe ankommen lassen?«

»Es könnte sein, daß er beißt«, erwiderte Alice umsichtig, denn sie war auf eine derartige Probe gar nicht erpicht.

»Wie wahr!« sagte die Herzogin; »Flamingo und Senf, das hat gar scharfe Zähne! Und die Moral davon ist: ›Trau keinem Vogel, bevor er nicht singt.‹«
»Nur daß Senf kein Vogel ist«, warf Alice ein.
»Du hast recht wie immer«, sagte die Herzogin, »wie klar du dich ausdrücken kannst!«
»Sondern ein Bodenschatz – glaube ich«, sagte Alice.
»Freilich ein Bodenschatz«, sagte die Herzogin, die Alice offenbar in allem recht geben wollte; »hier in der Gegend wird sogar sehr viel Senf gestochen. Und die Moral davon ist: ›Was du nicht willst, daß man dir tu, das füg auch keinem andern zu.‹«
»Ach, jetzt weiß ich es wieder!« rief Alice, der diese Bemerkung entgangen war. »Senf ist eine Pflanze. Er sieht zwar nicht so aus, ist aber trotzdem eine.«
»Ich bin ganz deiner Meinung«, sagte die Herzogin; »und die Moral davon ist: ›Scheine, was du bist, und sei, was du scheinst‹ – oder einfacher ausgedrückt: ›Sei niemals ununterschieden von dem, als was du jenen in dem, was du wärst oder hättest sein können, dadurch erscheinen könntest, daß du unterschieden von dem wärst, was jenen so erscheinen könnte, als seiest du anders!‹«
»Ich glaube, das könnte ich leichter verstehen«, erwiderte Alice sehr höflich, »wenn ich es geschrieben vor mir hätte; beim bloßen Zuhören komme ich leider nicht ganz mit.«
»Das ist noch gar nichts gegen das, was ich alles sagen könnte, wenn ich nur wollte!« sagte die Herzogin geschmeichelt.
»Bitte, geben Sie sich keine Mühe, es noch länger auszudrükken«, sagte Alice.
»Aber wer wird denn da von Mühe sprechen!« sagte die Herzogin. »Ich schenke dir hiermit alles, was ich bis jetzt gesagt habe.«
»Das ist mir ein rechtes Geschenk!« dachte Alice; »gut, daß sie sich nicht so etwas zum Geburtstag ausdenken!« Aber das sagte sie doch lieber nicht laut.

»Schon wieder in Gedanken?« fragte die Herzogin und stach mit spitzem Kinn nach ihr.
»Ich werde doch noch denken dürfen!« antwortete Alice scharf, denn es wurde ihr allmählich ein wenig unheimlich zumute.
»Nicht mehr«, sagte die Herzogin, »als ein Ferkel fliegen darf; und die Mo –«
Doch hier geriet die Stimme der Herzogin zur großen Verwunderung von Alice ins Stocken, mitten in ihrem Lieblingswort, und die Hand an ihrem Arm fing an zu zittern. Alice sah auf, und da stand vor ihnen die Königin mit verschränkten Armen und gewitterdüsterer Miene.
»Ein schöner Tag, Euer Majestät!« begann die Herzogin mit leiser, schwacher Stimme.
»Ich warne dich!« schrie die Königin und stampfte dabei mit dem Fuß auf; »entweder ich bin *dich* los, und zwar auf der Stelle, oder *du* deinen Kopf! Das kannst du dir auswählen!«
Das tat die Herzogin und war im nächsten Moment verschwunden.
»Wir wollen weiterspielen«, sagte die Königin zu Alice, die viel zu verängstigt war, um etwas darauf zu sagen, und ihr langsam zum Spielplatz folgte.
Die übrigen Gäste hatten die Abwesenheit der Königin zu einer Rast im Schatten ausgenutzt, sprangen aber sofort wieder an ihre Plätze, als sie die Königin herankommen sahen, die ihrerseits lediglich bemerkte, daß sie bei der geringsten Zeitvergeudung des Todes wären.
Während des Spiels bekam die Königin unaufhörlich Streit mit den Mitspielern und schrie ohne Unterlaß: »Kopf ab mit ihm!« oder »Kopf ab mit ihr!« Die Verurteilten wurden dann von Soldaten in Gewahrsam genommen, die damit natürlich aufhören mußten, als Tore zu dienen, so daß nach einer halben Stunde kein einziges Tor mehr übrig war und alle Mitspieler außer dem König, der Königin und Alice ihre Hinrichtung erwarteten.

Ganz erhitzt ließ die Königin schließlich vom Spiel ab und sagte zu Alice: »Hast du schon mit der Falschen Suppenschildkröte gesprochen?«

»Nein«, sagte Alice. »Ich weiß nicht einmal, was eine Falsche Suppenschildkröte ist.«

»Das ist das, woraus man eine Falsche Schildkrötensuppe kocht«, sagte die Königin.

»Ich habe noch nie eine gesehen oder von einer gehört«, sagte Alice.

»Dann komm jetzt«, sagte die Königin, »sie kann dir ihre Lebensgeschichte erzählen.«

Im Weggehen hörte Alice noch den König mit leiser Stimme zu den Umstehenden sagen: »Ihr seid alle begnadigt.«

»Na, *das* ist aber recht«, sagte sie sich im stillen, denn die vielen Todesurteile der Königin hatten sie doch sehr bedrückt.

Bald stießen sie auf einen Greif, der in der Sonne lag und schlief. (Wenn ihr nicht wißt, was ein Greif ist, könnt ihr euch ja das Bild ansehen.) »Auf, Faulpelz!« sagte die Königin, »und bringe dieses Fräulein zu der Falschen Suppenschildkröte, daß

sie ihre Lebensgeschichte erfährt. Ich muß fort, um einige Hinrichtungen zu beaufsichtigen«, und damit ging sie davon und ließ Alice mit dem Greif allein. Das Geschöpf war Alice gar nicht recht geheuer, doch dann überlegte sie sich, daß sie bei ihm im ganzen nicht schlechter aufgehoben war als bei der barbarischen Königin, und wartete ab.

Der Greif setzte sich auf und rieb sich die Augen, schaute der Königin nach, bis sie verschwunden war; und dann kicherte er. »So ein Spaß!« sagte der Greif, halb zu Alice und halb zu sich selbst.

»Was ist ein Spaß?« fragte Alice.

»Nun, *sie*!« sagte der Greif. »Das ist doch alles nur in ihrer Phantasie – keiner richtet hier nämlich überhaupt niemand hin. Komm jetzt!«

»Alle sagen hier ›Komm jetzt!‹«, dachte Alice, indem sie ihm langsam folgte; »so bin ich noch nie herumkommandiert worden, in meinem ganzen Leben noch nicht!«

Nicht lange, und sie erblickten von ferne die Falsche Suppenschildkröte, die einsam und traurig auf einem kleinen Felsvorsprung saß; und wie sie näher kamen, hörte Alice sie herzzerreißend seufzen. Sie hatte großes Mitleid mit ihr. »Was hat sie denn für einen Kummer?« fragte sie den Greif, und der Greif antwortete, fast genau in denselben Worten wie zuvor: »Das ist doch alles nur in ihrer Phantasie – sie hat nämlich überhaupt keinen Kummer nicht. Komm jetzt!«

So schritten sie auf die Falsche Suppenschildkröte zu, die sie mit großen, tränenfeuchten Augen betrachtete, aber kein Wort sprach.

»Das Dingsda, das Fräulein hier«, sagte der Greif, »also die will nämlich deine Geschichte wissen.«

»Sie soll sie hören«, sagte die Falsche Suppenschildkröte mit tiefer, hohler Stimme; »setzt euch beide nieder und hört mir still zu, bis ich zu Ende bin.« Sie setzten sich also, und einige Minuten lang sprach niemand. Alice dachte sich: »Aber wenn sie nicht anfängt, kann sie doch *nie* zu Ende sein!« Aber sie wartete geduldig.

»Einst«, sagte die Falsche Suppenschildkröte endlich mit einem tiefen Seufzer, »war ich echt.«

Auf diese Worte folgte eine sehr ausgedehnte Stille, die nur ab und zu von dem Ausruf »Htschkrr!« des Greifen und dem ständigen heftigen Aufschluchzen der Falschen Suppenschildkröte unterbrochen wurde. Alice war nahe daran, aufzustehen und

zu sagen: »Besten Dank für deine wirklich interessante Lebensgeschichte«, aber dann sagte sie sich, daß doch noch einfach etwas kommen *mußte*; sie blieb also sitzen und schwieg.
»Als wir klein waren«, sagte die Falsche Suppenschildkröte schließlich etwas ruhiger, wenn auch noch immer unter gelegentlichem Aufschluchzen, »gingen wir im Meer zur Schule. Unser Lehrer war eine alte Schildkröte – wir nannten ihn das Schaltier –«
»Warum denn Schaltier, wenn er doch keins war?« fragte Alice.
»Wir nannten ihn Schaltier, denn er schalt hier«, sagte die Falsche Suppenschildkröte ungehalten; »du bist wirklich sehr schwer von Begriff.«
»Daß du dich nicht schämst, so dumm zu fragen«, setzte der Greif hinzu, und dann saßen sie stumm da und sahen vorwurfsvoll die arme Alice an, die am liebsten in den Boden versunken wäre. Schließlich sagte der Greif zu der Falschen Suppenschildkröte: »Mach zu, Alte! Sonst sitzen wir morgen noch da!«, und diese fuhr fort: »Ja, wir gingen im Meer zur Schule, obwohl du das vielleicht nicht glaubst –«
»Ich habe doch nicht gesagt, daß ich es nicht –«, fiel ihr Alice ins Wort.
»Doch«, sagte die Falsche Suppenschildkröte.
»Ruhe jetzt!« setzte der Greif hinzu, bevor Alice etwas einwenden konnte. Die Falsche Suppenschildkröte fuhr fort:
»Wir genossen die allerbeste Erziehung – wir gingen sogar jeden Tag in die Schule –«
»*Das* tue ich auch«, sagte Alice; »darauf brauchst du dir noch lange nichts einzubilden.«
»Hast du auch Wahlfächer?« fragte die Falsche Suppenschildkröte etwas ängstlich.
»Ja«, sagte Alice, »Französisch und Musik.«
»Und Waschen und Bügeln auch?« fragte die Falsche Suppenschildkröte.
»Aber woher denn!« sagte Alice verächtlich.

»Ah! Dann besuchst du eben doch keine erstklassige Schule«, sagte die Falsche Suppenschildkröte mit hörbarer Erleichterung. »Also, bei *uns* stand unten auf der Quittung für das Schuldgeld immer: ›Französisch, Musik und für Waschen und Bügeln *zusätzlich* –‹«
»Aber damit konntet ihr doch nichts anfangen«, sagte Alice, »mitten auf dem Meeresgrund.«
»Ich konnte es auch gar nicht lernen«, sagte die Falsche Suppenschildkröte, »weil ich zu arm war. Ich hatte nur die Pflichtfächer.«
»Und die waren?« fragte Alice.
»Also, zunächst einmal das Große und das Kleine Nabelweh, natürlich«, antwortete die Falsche Suppenschildkröte, »aber dann auch Deutsch und alle Unterarten – Schönschweifen, Rechtspeibung, Sprachelbeere und Hausversatz.«
»Davon habe ich noch nie gehört«, sagte Alice. »Was ist denn Hausversatz?«
Der Greif hob vor Erstaunen beide Vordertatzen. »Wie! Noch nie von Hausversatz gehört!« rief er aus. »Aber was ›versetzen‹ ist, weißt du doch wohl?«
»Ja«, sagte Alice zögernd, »das ist – wenn man für etwas Geld bekommt.«
»Na also«, fuhr der Greif fort. »Und wenn du jetzt noch immer nicht weißt, was ein Hausversatz ist, bist du wirklich auf den Kopf gefallen.« Alice verging der Mut, noch weiterzufragen; sie wandte sich also wieder der Falschen Suppenschildkröte zu und fragte: »Was habt ihr denn sonst noch gelernt?«
»Nun, da gab es noch die Erdbeerkunde«, antwortete die Falsche Suppenschildkröte und zählte dabei die einzelnen Fächer an ihren Flossen ab: »– Erdbeerkunde mit und ohne Schlagrahm – und Seeographie. Ja, und dann die Marterhatmich – dazu kam jede Woche ein alter Zitteraal, und mit dem lernten wir Zusammenquälen, Abmühen, Kahldehnen und Bruchlächeln.«

»Wie war *das* denn?« fragte Alice.

»Nun, ich kann es dir leider nicht vormachen«, sagte die Falsche Suppenschildkröte, »weil ich nicht gelenkig genug dazu bin. Und der Greif hat diese Fächer nicht gehabt.«

»Keine Zeit dazu«, sagte der Greif; »aber dafür war ich in den Alten Sprachen gut. *Da* hatten wir vielleicht einen alten Krebs!«

»Bei dem war ich nicht«, sagte die Falsche Suppenschildkröte; »er gab Viechisch im Verein, wie es immer hieß.«

»Richtig, richtig«, sagte der Greif und seufzte nun auch seinerseits; und dann schlugen sie sich beide, von Trauer überwältigt, die Pfoten vors Gesicht.

»Wie viele Stunden Unterricht hattet ihr denn am Tag?« fragte Alice, um schnell das Thema zu wechseln.

»Zehn Stunden am ersten Tag«, sagte die Falsche Suppenschildkröte; »neun am nächsten und so fort.«

»Einen schönen Stundenplan müßt ihr da gehabt haben!« rief Alice; »der wurde ja von Tag zu Tag leerer!«

»Es waren ja auch lauter Lehrer im Haus«, bemerkte der Greif, »da war das ganz unvermeidlich.«

Dieser Gedanke war Alice neu, und sie dachte eine Weile darüber nach, bis sie schließlich sagte: »Der elfte Tag war dann also schulfrei?«

»Das ist doch klar«, sagte die Falsche Suppenschildkröte.

»Und was passierte dann am zwölften?« fragte Alice eifrig weiter.

»Das reicht, was den Stundenplan angeht«, fiel der Greif in entschiedenem Ton ein; »jetzt erzähle ihr etwas über die Spiele.«

KAPITEL ZEHN
Die Hummer-Quadrille

Die Falsche Suppenschildkröte seufzte tief auf und wischte sich mit einem Flossenrücken die Augen. Sie sah Alice an und mühte sich zu sprechen, aber eine ganze Zeitlang erstickte ihre

Stimme in Schluchzen. »Sieht fast so aus, als hätte sie eine Gräte im Hals«, sagte der Greif und machte sich daran, sie zu schütteln und in den Rücken zu puffen. Endlich fand die Falsche Suppenschildkröte ihre Stimme wieder, und während ihr die Tränen über die Wangen strömten, fuhr sie mit ihrer Erzählung fort: »Du hast vielleicht noch nicht längere Zeit im Meer gelebt –« (»Allerdings nicht«, sagte Alice) »– und vielleicht auch noch nie die Bekanntschaft eines Hummers gemacht –« (»Doch, einmal beim Abendessen habe ich –«, begann Alice, unterbrach sich aber schnell und sagte: »Leider nicht«) »– und deswegen hast du sicher gar keine Vorstellung davon, wie wunderschön eine Hummer-Quadrille ist!«

»Das ist wahr«, sagte Alice. »Wie wird die denn getanzt?«

»Also«, sagte der Greif, »zuerst stellen sich alle in einer Reihe am Meeresstrand auf –«

»In zwei Reihen!« rief die Falsche Suppenschildkröte. »Seehunde, Schildkröten und so fort; und dann, wenn die Quallen weggeräumt sind –«

»Und das braucht meistens seine Zeit«, fiel der Greif ein.

»– zwei Schritte vor –«

»Jeder mit seinem Hummer im Arm!« rief der Greif.

»Mit wem sonst!« sagte die Falsche Suppenschildkröte; »zwei Schritte vor, Verbeugung –«

»– Hummer wechseln und wieder zurück«, fuhr der Greif fort.

»Und dann, mußt du wisen«, erklärte die Falsche Suppenschildkröte weiter, »wirft man –«

»Die Hummer!« schrie der Greif und machte einen Luftsprung.

»– ins Meer hinaus, so weit man nur kann!«

»Schwimmt ihnen nach!« japste der Greif.

»Schlägt einen Purzelbaum im Meer!« rief die Falsche Suppenschildkröte und hüpfte wie närrisch umher.

»Wechselt noch mal die Hummer!« heulte der Greif.

»Zurück ans Ufer, und – das ist die erste Figur«, sagte die Falsche Suppenschildkröte, und wiederum erstarb ihre Stimme, und die zwei Wesen, die eben noch wie besessen umhergesprungen waren, ließen sich sehr traurig und still nieder und sahen Alice an.

»Das muß aber ein sehr hübscher Tanz sein«, sagte Alice zaghaft.

»Möchtest du sehen, wie es geht?« fragte die Falsche Suppenschildkröte.

»Sehr gerne«, sagte Alice.

»Machen wir doch die erste Figur«, sagte die Falsche Suppenschildkröte zum Greif. »Es geht nämlich auch ohne Hummer, weißt du. Wer singt?«

»Ach, sing nur du«, sagte der Greif. »Ich habe vergessen wie es heißt.«

Und damit fingen sie an, feierlich um Alice herumzutanzen, traten ihr auch ab und zu auf die Zehen, wenn sie zu nahe kamen, und schwenkten im Takt ihre Vorderpfoten, während die Falsche Suppenschildkröte sehr langsam und traurig sang:

»Bitte, geh doch etwas schneller!« sprach der Weißfisch
        zu der Schnecke.
»Hinter uns – dreh dich nicht um – krabbelt zwickzwack
        eine Zwecke.
Sieh! Die Schildkröt und der Hummer laufen schon
        aufs Ufer zu!
Und sie warten schon am Strande – sagst du mir das
        Tänzchen zu?
Willst du, magst du, willst du, magst du, sagst du mir
        das Tänzchen zu?
Willst du, magst du, willst du, magst du, sagst du mir
        das Tänzchen zu?
Denk dir doch, wie schön das wird, ich kanns genügend
        kaum erläutern,
Wenn sie uns aufs offne Meer zusammen mit den
        Hummern schleudern!«
»Zu weit! Zu weit!« die Schnecke spricht und schaut dabei
        auf ihre Schuh.
Dankt dem Weißfisch allerherzlichst, doch sie sagt den
        Tanz nicht zu:
Könnt und möcht nicht, könnt und möcht nicht, sagt den
        Tanz nicht zu,
Könnt und möcht nicht, könnt und möcht nicht, sagt den
        Tanz nicht zu.

»Was macht es denn, wie weit es ist?« versetzt ihr
        schuppiger Galan,
»Wir kommen auf der drübern Seit' ja auch an einem Ufer an!
Und je weiter wir hier weg sind, desto näher liegt Peru –

So zittre nicht, geliebte Schneck, und sag mir doch
                               das Tänzchen zu!
Willst du, magst du, willst du, magst du, sagst du mir
                               das Tänzchen zu?
Willst du, magst du, willst du, magst du, sagst du mir
                               das Tänzchen zu?«

»Vielen Dank, das ist ein sehr schöner Tanz zum Zuschauen«, sagte Alice, die froh war, daß sie endlich aufgehört hatten; »und ganz besonders gefällt mir das merkwürdige Lied mit dem Weißfisch!«
»Ach, was den Weißfisch angeht«, sagte die Falsche Suppenschildkröte, »also – du hast doch sicher schon einmal welche gesehen?«
»Ja«, sagte Alice, »es gibt sie öfters am Freita –.« Sie hielt plötzlich inne.
»Ich weiß zwar nicht' wo der Freita mündet«, sagte die Falsche Suppenschildkröte, »aber dann weißt du ja jedenfalls, wie sie aussehen.«
»So ungefähr«, sagte Alice nachdenklich. »Sie haben die Schwänze im Mund und sind voller Brösel.«
»Mit den Bröseln bist du im Irrtum«, sagte die Falsche Suppenschildkröte; »Brösel würden im Meer abgehen. Aber das mit den Schwänzen im Maul stimmt, und zwar deswegen, weil –«, und dabei gähnte die Falsche Suppenschildkröte und schloß die Augen.
»Erkläre du ihr diesen ganzen Klimbim mit dem Deswegen und Weil«, sagte sie zu dem Greif.
»Das kommt daher«, sagte der Greif, »weil sie immer partout mit den Hummern tanzen wollten. Und deswegen sind sie ins Meer geschleudert worden. Und deswegen sind sie sehr lange durch die Luft geflogen. Und deswegen haben sie sich mit dem Maul am Schwanz festgehalten. Und deswegen haben sie dann den Schwanz nicht mehr herausbekommen. Darum.«

»Vielen Dank«, sagte Alice, »das ist sehr interessant. Ich habe das alles über Weißfische bisher noch nicht gewußt.«
»Ich kann dir gern noch mehr darüber sagen, wenn du es wissen willst«, sagte der Greif. »Ist dir denn überhaupt klar, warum ein Weißfisch Weißfisch heißt?«
»Das habe ich mir noch nie überlegt«, sagte Alice. »Warum denn?«
»Weil er soviel weiß. Zum Beispiel weiß er, wie man die Koralle dirigiert«, sagte der Greif feierlich.
Alice wußte nicht mehr, wo ihr der Kopf stand. »Die Koralle dirigiert!« sagte sie voller Staunen.
»Na ja, bei einem Konzert«, sagte der Greif; »wie sagst du denn dazu, wenn alle zusammen singen?«
Alice dachte eine Weile nach, bevor sie antwortete: »Das ist ein Chor, glaube ich.«
»Im Meer«, fuhr der Greif mit tiefer Stimme fort, »macht einer den Chor für alle. Das ist die Koralle. Jetzt weißt du's. Dabei hat es die gar nicht so leicht, mußt du wissen, weil dauernd jemand dazwischenkommt oder überhaupt ganz taub ist.«
»Wer denn?« fragte Alice neugierig.
»Die Störe und die Stockfische natürlich«, sagte der Greif ziemlich ungehalten. »Das weiß doch jede Flunder.«
»Wenn ich der Weißfisch gewesen wäre«, sagte Alice, der das Lied noch immer im Kopfe herumging, »ich hätte mich einfach umgedreht und zu der Zwecke gesagt: ›Laß uns gefälligst in Ruhe, wir können dich nicht brauchen!‹«
»Sie mußten die Zwecke dabeihaben«, sagte die Falsche Suppenschildkröte; »kein vernünftiger Fisch würde ohne sie auch nur einen Schritt tun.«
»Ach, wirklich?« sagte Alice voller Überraschung.
»Natürlich nicht«, sagte die Falsche Suppenschildkröte, »und wenn zu *mir* ein Fisch käme und sagte, er wolle auf Reisen gehen, dann wäre meine erste Frage: ›Mit welcher Zwecke?‹«
»›Mit welchem Zweck‹, meinst du sicher«, sagte Alice.

»Ich meine, was ich sage«, erwiderte die Falsche Suppenschildkröte beleidigt. Und der Greif setzte hinzu: »Nun, jetzt laß einmal hören, was *du* alles erlebt hast.«

»Ich könnte euch erzählen, was ich seit heute morgen erlebt habe«, sagte Alice etwas zaghaft; »aber weiter zurückzugehen hätte keinen Sinn, weil ich da noch jemand anderer war.«

»Erkläre das alles erst einmal«, sagte die Falsche Suppenschildkröte.

»Nein! Zuerst die Erlebnisse«, sagte der Greif ungeduldig; »Erklärungen brauchen immer so furchtbar lange.«

Alice begann alles zu erzählen, was ihr zugestoßen war, seit sie dem Weißen Kaninchen begegnet war. Anfangs war sie ein wenig ängstlich, denn die zwei Wesen rückten von beiden Seiten näher und näher an sie heran und rissen ihre Augen und Mäuler sperrangelweit auf; aber langsam wurde sie beim Weitererzählen wieder etwas zutraulicher. Ihre Zuhörer saßen ganz wortlos da, bis sie zu der Stelle kam, wo sie der Raupe ›Ihr seid alt, Vater Franz‹ hergesagt hatte und die Wörter alle anders herausgekommen waren. Da holte die Falsche Suppenschildkröte tief Luft und sagte: »Das ist sehr merkwürdig.«

»Merkwürdiger geht es gar nicht«, sagte der Greif.

»Kamen alle anders heraus!« wiederholte die Falsche Suppenschildkröte nachdenklich. »Da möchte ich doch wissen, was passiert, wenn sie hier etwas aufsagt. Sag ihr, sie soll anfangen.« Und dabei sah sie den Greifen an, als meinte sie, der hätte über Alice zu bestimmen. »Steh auf und sage das Gedicht her: ›Wer so spricht, ist ein Faulpelz‹«, sagte der Greif.

»Wie diese Wesen hier einen herumkommandieren und Gedichte aufsagen lassen!« dachte sich Alice. »Da könnte man ja ebensogut gleich in der Schule sitzen!« Trotzdem stand sie auf und fing mit dem Gedicht an; aber der Kopf war ihr noch so voll von der Hummer-Quadrille, daß sie selbst kaum wußte, was sie sagte, und ihr die Wörter in der Tat äußerst sonderbar aus dem Munde kamen:

Wer so spricht, ist ein Hummer; er sagt ja ganz klar:
»Bin zu dunkel gebacken, muß zuckern mein Haar.«
Wie ein Storch mit den Ohren, schob *er* mit der Nas
Seinen Gurt etwas höher und die Zehen ins Gras.

Der Strand ist kaum trocken, frohlockt er auch schon
Und spricht von dem Haifisch im keckesten Ton;
Doch kommt dann die Flut mit den Haifischen drin,
Verliert sein Gespräch sowohl Wohlklang wie Sinn.

»Zu *meiner* Zeit hat man dieses Gedicht anders vorgetragen«, sagte der Greif.
»Ich kenne es zwar nicht von früher«, sagte die Falsche Suppen-

schildkröte, »aber mir kam es wie kompletter Unsinn vor.«
Alice sagte nichts; sie saß am Boden, bedeckte das Gesicht mit den Händen und fragte sich, ob denn *jemals* wieder alles mit rechten Dingen zugehen würde.
»Ich möchte das gern erklärt haben«, sagte die Falsche Suppenschildkröte. »Sie kann es nicht erklären«, sagte der Greif schnell. »Sag die nächste Strophe her.«
»Aber die Zehen!« sagte die Falsche Suppenschildkröte eigensinnig. »Die Zehen mit der Nase ins Gras schieben, wie *kann* denn das möglich sein?«
»Das ist die erste Figur bei diesem Tanz«, sagte Alice; aber in ihrem Kopf ging alles durcheinander, und sie brannte darauf, von etwas anderem zu reden.
»Sag die nächste Strophe her«, wiederholte der Greif; »sie beginnt mit den Worten: ›Ich besuchte ihn einst‹.«
Alice wagte nicht, ihm zu widersprechen, obwohl sie sicher war, daß alles falsch herauskommen würde, und fuhr mit zittriger Stimme fort:

> Ich besuchte ihn einst: hinter einer Tapete
> Aß der Kauz mit dem Leu da eine Pastete:
> Und zwar aß der Leu Fleisch, Kruste und Soß,
> Und dem Kauz blieb die leere Schüssel zum Trost.
>
> Die Pastete war fort, und der Leu ward spendabel:
> Er vermachte dem Kauz zur Erinn'rung die Gabel;
> Er selbst griff zum Messer, und dann, mit pardauz!
> Beschloß er das Mahl wohlgemut mit dem –

»Was *soll* das nur für einen Sinn haben«, unterbrach sie die Falsche Suppenschildkröte, »daß du dieses ganze Zeugs hersagst und erklärst es nicht gleichzeitig? So etwas Wirres habe ich mein Lebtag noch nicht gehört!«
»Ja, am besten hörst du jetzt wohl auf«, sagte der Greif, und Alice tat ihm diesen Gefallen nur allzu gerne.

»Sollen wir dir noch eine andere Figur aus der Hummer-Quadrille zeigen?« fuhr der Greif fort, »oder möchtest du lieber, daß dir die Falsche Suppenschildkröte etwas vorsingt?«
»O ja, ein Lied, bitte, wenn es der Falschen Suppenschildkröte nichts ausmacht«, versetzte Alice so eifrig, daß der Greif etwas pikiert sagte: »Hm! Na ja, die Geschmäcker sind verschieden. Also los, dann sing ihr die ›Schildkrötensuppe‹ vor, was, Alte?«
Die Falsche Suppenschildkröte seufzte tief auf und sang, von häufigem Schluchzen unterbrochen, das folgende Lied:

> Schalippe, schaluppe! Seht doch die Suppe,
> Die fette! Die grüne! In der Terrine!
> Komm, meine Puppe! Riechst du die Suppe?
> Die Suppe der Suppen, die herrliche Suppe!
> Die Suppe der Suppen, die herrliche Suppe!
> Her-r-r-liche Suppe!
> Her-r-r-liche Suppe!
> Suppe der Suppen,
> Herrliche, herrliche Suppe!
>
> Herrliche Suppe! Wem fällt da die Schuppe
> Nicht von den Augen? Was kann da noch taugen?
> Salz oder Schmalz? Vom Brotlaib die Kuppe?
> Sind sie nicht schnuppe, verglichen mit Suppe?
> Verglichen mit herrlicher Suppe?
> Her-r-r-liche Suppe!
> Her-r-r-liche Suppe!
> Suppe der Suppen,
> Herrliche, herrliche *Suppe!*

»Und den Refrain noch mal!« rief der Greif, und die Falsche Suppenschildkröte hatte damit gerade angefangen, als in der Ferne der Ruf erscholl: »Der Prozeß beginnt!«
»Komm jetzt!« rief der Greif, nahm Alice an der Hand und eilte mit ihr davon, ohne das Ende des Liedes abzuwarten.

»Welcher Prozeß denn?« keuchte Alice im Laufen; aber der Greif sagte nur: »Komm jetzt!« und rannte noch schneller, während ein Windhauch, der sie begleitete, ihnen die immer schwächer werdenden, wehmütigen Worte nachtrug:
»Suppe der Suppen,
Herrliche, herrliche Suppe!«

KAPITEL ELF
Wer war der Tortendieb?

Als sie den Saal betraten, thronten da der Herzkönig und die Herzkönigin in vollem Staat; um sie her hatte sich eine große Versammlung von allerlei kleinen Vögeln und Tieren eingefunden und dazu das ganze Kartenspiel. Der Herzbube stand vor ihnen; er war in Ketten gelegt und wurde beiderseits von einem Soldaten bewacht; und neben dem König hatte sich das Weiße Kaninchen aufgestellt, mit einer Fanfare in der einen Hand und einer großen Pergamentrolle in der andern. Genau in der Mitte des Gerichtssaals stand ein Tisch und darauf eine große Platte mit Törtchen, die so knusprig aussahen, daß Alice vom bloßen Hinsehen hungrig wurde. »Wenn sie sich doch mit dem Prozeß beeilen wollten«, dachte sie, »und endlich zu dem Imbiß kämen!« Aber darauf schien vorderhand keine Aussicht zu bestehen, und also sah sie sich zum Zeitvertreib etwas genauer im Saale um.

Alice war noch nie in einem Gerichtssaal gewesen, aber sie hatte schon manchmal davon gelesen und war recht stolz, daß sie für alles den richtigen Namen wußte. »Das ist der Richter«, sagte sie vor sich hin, »weil er so eine lange Perücke aufhat.« Der Richter war übrigens der König selbst; und da er sich auf die Perücke noch seine Krone aufgesetzt hatte, sah er recht unbehaglich drein, und jedenfalls stand es ihm übel zu Gesicht.

»Das ist die Schöffenbank«, dachte Alice weiter, »und die zwölf Wesen darauf« (es blieb ihr nichts anderes übrig, als ›Wesen‹

dazu zu sagen, denn es waren teils Vögel und teils vierfüßige Tiere), »das werden dann wohl die Schöffen sein.« Dieses Wort sagte sie gleich mehrmals vor sich hin und hielt sich einiges darauf zugute, denn sie fand – und da hatte sie ganz recht –, daß wahrscheinlich nur die wenigsten Kinder in ihrem Alter wüßten, was ›Schöffen‹ sind. Aber freilich hätte sie genausogut ›Geschworene‹ zu ihnen sagen können.

Die zwölf Schöffen schrieben emsig auf Schiefertafeln herum. »Was machen die denn?« flüsterte Alice dem Greifen zu. »Bevor der Prozeß begonnen hat, gibt es doch noch gar nichts aufzuschreiben!«

»Sie schreiben sich ihren Namen auf«, flüsterte der Greif zurück, »damit sie ihn nicht wieder vergessen, bis der Prozeß aus ist.«

»Blödiane!« rief Alice mit lauter, aufgebrachter Stimme, aber schnell verstummte sie wieder, denn das Weiße Kaninchen rief sogleich: »Ruhe im Saal!«, und der König setzte seine Brille auf, um sich nach dem Störenfried umzuschauen.

Alice merkte genau – sie sah es so deutlich, als könnte sie es über ihre Schultern hinweg lesen –, daß die Schöffen alle ›Blödiane!‹ auf ihre Täfelchen schrieben, und konnte sogar erkennen, daß einer von ihnen nicht wußte, wie man das schreibt, und seinen Nachbarn deswegen fragen mußte. »Die werden ein schönes Durcheinander auf ihren Täfelchen haben, bis der Prozeß vorbei ist!« dachte Alice.

Einer von ihnen hatte einen Griffel, der quietschte, und das war nun etwas, was Alice auf *keinen* Fall ertragen konnte. Sie ging um den Saal herum, stellte sich hinter ihm auf und fand bald eine Gelegenheit, ihm den Griffel wegzunehmen. Das machte sie so geschickt, daß der arme kleine Schöffe (es war Egon, die Eidechse) überhaupt nicht dahinterkam, was geschehen war; er suchte überall danach und mußte schließlich alles Weitere mit einem Finger niederschreiben, was freilich nicht sehr sinnvoll war, denn der Finger hinterließ auf der Tafel keinerlei Spur.

»Herold, verlies die Anklage!« rief der König.
Darauf stieß das Weiße Kaninchen dreimal in seine Fanfare, rollte das Pergament auf und las:

> Herzkönigin klug neun Törtchen buk
> Auf lauter vergoldeten Kohlen:
> Herzbube, der trug sie voller Lug
> Hinweg und hat sie gestohlen!

»Wie lautet euer Urteil?« fragte der König die Schöffen.
»Halt, noch nicht!« rief das Weiße Kaninchen dazwischen, »vor dem Urteil kommt noch allerlei anderes!«
»Ruft den ersten Zeugen«, sagte der König; und das Weiße Kaninchen stieß dreimal in seine Fanfare und rief: »Erster Zeuge!«
Es war der Hutmacher. Er kam herein mit einer Teetasse in

der einen Hand und einem Stück Butterbrot in der anderen.
»Ihr entschuldigt schon, Euer Majestät«, fing er an, »daß ich das alles mitbringe, aber ich war gerade noch beim Teetrinken, als die Vorladung kam.«
»Du hättest damit schon längst fertig sein sollen«, sagte der König. »Wann hast du denn angefangen?«
Der Hutmacher drehte sich nach dem Schnapphasen um, der Arm in Arm mit der Haselmaus hinter ihm eingetreten war.
»Am vierzehnten März – ich *glaube* wenigstens –«, sagte er.
»Am fünfzehnten«, sagte der Schnapphase.
»Am sechzehnten«, sagte die Haselmaus.
»Schreibt euch das auf«, sagte der König zu den Schöffen, und die schrieben eifrig alle drei Daten auf ihre Tafeln, zählten sie zusammen und rechneten sie in Pfund und Zentner um.
»Nimm deinen Hut ab«, sagte der König zum Hutmacher.
»Es ist nicht mein Hut«, sagte der Hutmacher.
»Gestohlen!« rief der König aus und wandte sich dabei zu den Schöffen um, die sich diesen Umstand sogleich notierten.
»Ich habe Hüte nur zum Verkaufen«, fügte der Hutmacher erklärend hinzu; »ich habe keine eigenen. Ich bin Hutmacher.«
Bei diesen Worten setzte die Königin ihre Brille auf und sah den Hutmacher unverwandt an, der unter ihrem Blick erbleichte und nicht mehr stillhalten konnte.
»Mach deine Aussage«, sagte der König, »und sei nicht so zappelig, oder du wirst auf der Stelle hingerichtet.«
Dies schien den Zeugen keineswegs zu beruhigen; er sah verstört zur Königin hinüber, trat von einem Bein aufs andere und kam so durcheinander, daß er ein Stück von der Teetasse statt von dem Butterbrot abbiß.
Gleichzeitig überkam Alice ein sehr merkwürdiges Gefühl, das sie sich zunächst überhaupt nicht erklären konnte, bis sie schließlich entdeckte, was es war: sie war wieder einmal am Größerwerden. Zuerst wollte sie aufstehen und aus dem Gerichtssaal fortgehen; aber dann besann sie sich eines Besseren

und beschloß, wenigstens sitzen zu bleiben, solange sie noch Platz hatte.

»Wenn du doch nicht so drängeln wolltest«, sagte die Haselmaus, die neben ihr saß. »Man bekommt ja gar keine Luft mehr.«

»Ich kann nichts dafür«, sagte Alice voller Sanftmut; »ich wachse.«

»Du *hast* hier nicht zu wachsen!« sagte die Haselmaus.

»Rede doch kein so dummes Zeug«, sagte Alice schon etwas mutiger; »du wächst ja selber, das weißt du ganz genau.«

»Schon«, sagte die Haselmaus, »aber *ich* wachse auf eine vernünftige Art und Weise und nicht in einem derart lächerlichen Ausmaß.« Und damit stand sie verdrießlich auf und ging zur anderen Saalseite hinüber.

Unterdessen hatte die Königin den Hutmacher unablässig angestarrt, und während die Haselmaus quer durch den Saal ging, sagte sie nun zu einem Gerichtsdiener: »Man bringe mir die Liste mit den Sängern vom letzten Konzert!« – woraufhin der arme Hutmacher so heftig zu zittern begann, daß er beide Schuhe verlor.

»Mach deine Aussage«, wiederholte der König erbost, »oder du wirst hingerichtet, ganz gleich, ob du aufgeregt bist oder nicht.«

»Ich bin ein armseliger Hutmacher, Euer Majestät«, begann der Hutmacher mit zitternder Stimme, »und ich hatte mich doch gerade erst zum Tee hingesetzt – oder doch erst vor einer Woche ungefähr – und dann wurden auch die Butterbrote immer dünner – und dann noch das Taumeln durch den Tee –«

»*Was für* ein Taumeln?« fragte der König.

»Mit dem Tee fing es jedenfalls *an*«, antwortete der Hutmacher.

»Natürlich fängt Taumeln mit einem T an!« sagte der König schneidend. »Du willst mich wohl für dumm verkaufen? Und weiter?«

»Ich bin ein armseliger Hutmacher«, fuhr der Hutmacher fort, »und dann fing fast alles zu taumeln an – nur, der Schnapphase sagte –«

»Das ist nicht wahr!« fiel der Schnapphase eilig ein.

»Doch ist es wahr!« sagte der Hutmacher.

»Ich bestreite die Aussage!« sagte der Schnapphase.

»Er bestreitet die Aussage«, versetzte der König. »Laß das beiseite.«

»Nun, die Haselmaus sagte jedenfalls –«, fuhr der Hutmacher mit einem ängstlichen Blick auf die Haselmaus fort, ob die etwa auch bestreiten wollte; aber die Haselmaus bestritt nichts, denn sie war eingeschlafen.

»Und dann«, erzählte der Hutmacher weiter, »schnitt ich noch etwas Butterbrot auf –«

»Aber was soll denn die Haselmaus gesagt haben?« fragte einer der Schöffen.

»Das weiß ich nicht«, sagte der Hutmacher.

»Das weißt du auf der Stelle«, bemerkte der König, »oder du wirst hingerichtet.«

Der arme Hutmacher ließ die Teetasse und das Butterbrot fallen und warf sich auf ein Knie. »Ich bin ein armseliger Hutmacher, Euer Majestät«, begann er.

»Jedenfalls bist du ein *sehr* armseliger *Zeuge*«, sagte der König. Bei dieser Antwort brach eines der Meerschweinchen in Hochrufe aus und wurde von den Gerichtsdienern stracks unterbunden. (Das ist vielleicht ein etwas schwer verständlicher Ausdruck, und ich will euch daher kurz erklären, wie das vor sich ging. Die Gerichtsdiener nahmen dazu einen großen Sack, schoben das Meerschweinchen verkehrt herum hinein, knüpften den Sack zu und setzten sich dann obendrauf.)

»Gut, daß ich das einmal mit angesehen habe«, dachte Alice. »Immer, wenn ein Prozeß zu Ende ist, steht in der Zeitung: ›Es kam zu vereinzelten Beifallskundgebungen, die aber von den Gerichtsdienern unverzüglich unterbunden wurden‹, und bis jetzt habe ich nie verstanden, was das bedeutet.«

»Wenn das alles ist, was du von der Sache weißt, kannst du jetzt abtreten«, ließ sich der König wieder vernehmen.

»Weiter hinab kann ich nicht mehr«, sagte der Hutmacher, »ich trete ja bereits auf den Fußboden.«

»Dann kannst du dich ab*setzen*«, sagte der König.

Daraufhin brach das zweite Meerschweinchen in Hochrufe aus und wurde gleichfalls unterbunden.

»Nun, die Meerschweinchen sind wir jedenfalls los!« dachte Alice, »das ist ein Fortschritt.«

»Ich bin nicht müde«, sagte der Hutmacher mit einem ängstlichen Blick auf die Königin, die noch immer in die Sängerliste vertieft war; »ich möchte lieber meinen Tee zu Ende trinken.«

»Du kannst gehen«, sagte der König, und der Hutmacher eilte aus dem Gerichtssaal, so schnell, daß er nicht einmal mehr seine Schuhe anzog.

»– und hackt ihm doch draußen den Kopf ab«, setzte die Königin, zu einem Gerichtsdiener gewandt, hinzu; doch bevor der noch an der Tür war, hatte der Hutmacher schon das Weite gesucht.

»Ruft den nächsten Zeugen!« sagte der König.

Der nächste Zeuge war die Köchin. Sie hielt das Pfefferfaß noch in der Hand, und Alice konnte schon von weitem raten, wer sie war, denn ein großes Niesen verbreitete sich sogleich von der Tür aus durch den ganzen Saal.

»Deine Aussage!« sprach sie der König an.

»Mag nicht«, sagte die Köchin.

Der König sah besorgt das Weiße Kaninchen an, das ihm leise zumurmelte: »*Diese* Zeugin müssen Euer Majestät ins Kreuzverhör nehmen.«

»Was sein muß, muß sein«, sagte der König bedrückt. Dann kreuzte er die Arme über der Brust, legte die Stirn in so strenge Falten, daß seine Augen kaum noch zu sehen waren, und fragte mit tiefer Stimme: »Was braucht man zum Törtchenbacken?«

»Pfeffer hauptsächlich«, sagte die Köchin.

»Karamel«, sagte eine verschlafene Stimme hinter ihr.

»Schluß mit der Haselmaus!« schrie die Königin auf, »Kopf ab mit der Haselmaus! Ins Halseisen! Hinaus mit ihr! Unterbindet sie! Zwickt sie! Ab mit dem Schnurrbart!«

Eine Zeitlang war der ganze Saal in Aufruhr, bis die Haselmaus endlich draußen war, und als die Unruhe sich wieder gelegt hatte, war die Köchin verschwunden.
»Sei's drum«, sagte der König mit sichtlicher Erleichterung. »Ruft den nächsten Zeugen.« Und zur Königin gewandt, fügte er halblaut hinzu: »Wirklich, liebe Frau, das nächste Kreuzverhör mußt *du* führen. Mir tut schon die ganze Stirn weh!«
Alice sah zu dem Weißen Kaninchen hinüber, das auf seiner Liste herumsuchte, und war sehr gespannt, wie es wohl mit dem nächsten Zeugen gehen würde; »– denn bis *jetzt* sind sie mit ihren Beweisen noch nicht sehr weit gekommen«, sagte sie sich. Ihr könnt euch denken, wie überrascht sie war, als das Weiße Kaninchen, so laut es konnte, mit seinem schrillen Stimmchen ausrief: »Alice!«

KAPITEL ZWÖLF
Alice deckt die Karten auf

»Zur Stelle!« rief Alice und vergaß dabei in der Hitze des Gefechts ganz, wie groß sie inzwischen geworden war; sie sprang so eifrig auf, daß sie mit einem Rockzipfel die Schöffenbank umwarf und die Schöffen auf die ganze Versammlung herunterpurzelten; da lagen sie auf allen vieren und erinnerten sie sehr deutlich an das Goldfischglas, das ihr in der vergangenen Woche aus Versehen umgefallen war.
»Oh, ich bitte um Verzeihung!« rief sie in großer Bestürzung aus und sammelte die Schöffen wieder vom Boden auf, so schnell sie konnte, denn das Mißgeschick mit dem Goldfischglas ging ihr noch immer im Kopfe herum, und sie hatte irgendwie die Vorstellung, daß die Schöffen so schnell wie möglich aufgehoben und in ihre Bank zurückgesetzt werden müßten, oder sie holten sich den Tod.
»Der Prozeß kann nicht fortgesetzt werden«, sagte der König mit tiefernster Stimme, »bevor nicht alle Schöffen wieder rich-

tig auf ihrem Platz sind – *alle* Schöffen«, wiederholte er mit Nachdruck und sah Alice fest dabei an.

Alice blickte in die Schöffenbank und entdeckte, daß sie in der Eile die Eidechse mit dem Kopf nach unten zurückgesetzt hatte, wo das arme kleine Ding nun festgeklemmt war und bedrückt den Schwanz hin- und herschwenkte. Bald hatte sie es wieder befreit und richtig in die Bank gesetzt. »Nicht, daß das irgendwelche Bedeutung hätte«, sagte sie sich dabei im

stillen, »denn für den Prozeß wird es genau aufs gleiche herauskommen, ob er auf dem Kopf steht oder nicht.«
Sobald sich die Schöffen von dem Schrecken ihres Umsturzes etwas erholt hatten und ihre Tafeln und Griffel wieder zusammengesucht und richtig verteilt waren, begannen sie sogleich mit großer Emsigkeit einen Bericht über das Vorgefallene abzufassen – mit Ausnahme der Eidechse, die anscheinend so mitgenommen war, daß sie nur noch offenen Mundes zur Decke glotzen konnte.
»Was weißt du von dieser Angelegenheit?« fragte der König Alice.
»Nichts«, sagte Alice.
»Nicht das *geringste*?« forschte der König weiter.
»Nicht das geringste«, sagte Alice.
»Das ist sehr wichtig«, sagte der König, zu den Schöffen gewandt. Die wollten sich das gerade aufschreiben, als das Weiße Kaninchen einfiel: »*Un*wichtig meinen Euer Majestät natürlich«, sagte es sehr unterwürfig, doch runzelte es dabei die Stirn und schnitt allerlei Gesichter.
»*Un*wichtig meinte ich natürlich«, verbesserte sich der König rasch und murmelte dann halblaut vor sich hin: »Wichtig – unwichtig – unwichtig – wichtig –«, als wollte er ausprobieren, was von beiden besser klang.
Je nachdem, was sie hörten, schrieben manche Schöffen ›wichtig‹ und andere wieder ›unwichtig‹. Alice konnte sie dabei beobachten, denn sie stand so nahe bei ihnen, daß sie ihnen über die Schulter sehen konnte. »Aber es ist ja auch ganz gleich«, dachte sie sich.
In diesem Augenblick rief der König, der inzwischen etwas in sein Notizbuch geschrieben hatte, mit lauter Stimme: »Ruhe!« und las dann aus dem Buch vor: »Vorschrift Nummer zweiundvierzig: *Alle über einen Kilometer großen Personen haben den Gerichtssaal zu verlassen.*«
Die ganze Versammlung sah Alice an.

»Ich bin aber keinen Kilometer groß«, sagte Alice.
»Doch«, sagte der König.
»Fast zwei Kilometer«, setzte die Königin hinzu.
»Nun, jedenfalls bleibe ich hier«, sagte Alice; »außerdem ist das gar keine richtige Vorschrift, sondern eben erst erfunden.«
»Es ist die älteste Vorschrift im ganzen Buch«, sagte der König.
»Dann müßte sie die Nummer eins haben«, sagte Alice.
Der König erbleichte und klappte schnell sein Notizbuch zu. »Wie lautet euer Urteil?« fragte er die Schöffen mit leiser, bebender Stimme.
»Es liegt noch ein weiteres Beweisstück vor, mit Verlaub, Euer Majestät«, sagte das Weiße Kaninchen und sprang eilig auf; »eben ist dieses Schreiben gefunden worden.«
»Was steht darin?« fragte die Königin.
»Ich habe es noch nicht geöffnet«, sagte das Weiße Kaninchen, »aber anscheinend ist es ein Brief, den der Angeklagte geschrieben hat, an – an irgend jemand.«
»So muß es gewesen sein«, sagte der König, »es sei denn, er hat ihn an niemanden geschrieben, und das ist meines Wissens nicht üblich.«
»An wen ist er adressiert?« fragte ein Schöffe.
»Er hat keine Adresse«, sagte das Weiße Kaninchen; »außen ist er überhaupt ganz leer.« Dabei faltete es das Schreiben auf und setzte hinzu: »Nun ist es doch kein Brief, sondern vielmehr ein Gedicht.«
»In der Handschrift des Angeklagten?« fragte ein zweiter Schöffe.
»Nein, eben nicht«, sagte das Weiße Kaninchen, »das ist ja gerade das Sonderbare.« (Die Schöffen schauten alle ratlos drein.)
»Er muß eine fremde Handschrift nachgeahmt haben«, sagte der König. (Die Schöffen waren alle erleichtert.)
»Mit Verlaub, Euer Majestät«, sagte der Herzbube, »ich habe das nicht geschrieben, und das kann mir auch keiner beweisen: es steht ja keine Unterschrift darunter.«

»Daß du nicht unterschrieben hast«, sagte der König, »macht die Sache nur schlimmer. Du *mußt* ja etwas im Schilde geführt haben, sonst hättest du deinen Namen daruntergesetzt wie ein ehrlicher Mensch.«
Alles klatschte Beifall: es war das erste Mal an diesem Tag, daß der König etwas wirklich Kluges gesagt hatte.
»Damit ist seine Schuld bewiesen«, sagte die Königin.
»Gar nichts ist damit bewiesen!« sagte Alice. »Ihr wißt ja noch nicht einmal, was darinsteht!«
»Lies es vor«, sagte der König.
Das Weiße Kaninchen setzte sich die Brille auf. »Womit soll ich den Anfang machen, mit Verlaub, Euer Majestät?« fragte es.
»Mache den Anfang mit dem Anfang«, sagte der König ernst, »und lies weiter, bis du ans Ende kommst; dort höre auf.«
Und das Weiße Kaninchen las das folgende Gedicht vor:

> Er schrieb, du warst bei ihr zu Haus
>   Und gabst von mir Bericht
> Und sprachst: »Mit dem kommt jeder aus,
>   Nur schwimmen kann er nicht.«
>
> Sie sagten ihm, ich sei noch hier
>   (Ihr wißt ja, das trifft zu) –
> Wenn sie sich nun drauf kaprizier',
>   Sagt sie, was machst dann du?
>
> Ich gab ihr eins, sie gab ihm zwei,
>   Und ihr gabt uns drei Stück;
> Doch all das ist jetzt einerlei,
>   Du hast sie ja zurück.
>
> Wenn demnach ich oder auch sie
>   Da mit hineingeraten,
> Dann riecht er sicher irgendwie
>   Auch seinerseits den Braten.

> Bevor sie so verschroben war,
>   Da dacht' ich (ich gestehs),
> Du seist dabei die Hauptgefahr
>   Für ihn und uns und es.
>
> Sie war darauf besonders scharf,
>   Doch das behalt für dich,
> Weil keiner davon wissen darf
>   Als höchstens du und ich.

»Das ist der entscheidende Beweis«, sagte der König und rieb sich die Hände; »ich frage also hiermit die Schöffen: Wie lautet euer –«
»Wenn mir das auch nur einer von ihnen erklären kann«, sagte Alice (sie war mittlerweile so groß geworden, daß sie überhaupt keine Angst mehr hatte, ihn zu unterbrechen), »dann will ich Hans heißen. *Meiner* Meinung nach ist darin keine Spur von Sinn.« Die Schöffen schrieben alle auf ihre Täfelchen: ›*Ihrer* Meinung nach ist darin keine Spur von Sinn‹, aber keiner machte den Versuch, das Gedicht zu erklären.
»Wenn es keinen Sinn hat«, sagte der König, »können wir uns sehr viel Mühe sparen, denn dann brauchen wir ihn gar nicht erst zu suchen. Und doch, ich weiß nicht«, fuhr er fort, indem er das Papier glattstrich und mit einem Auge darauf niedersah, »einigen Sinn kann ich, glaube ich, doch darin entdecken. ›Nur schwimmen kann er nicht‹ – das kannst du doch auch nicht, oder?« fragte er und wandte sich dabei dem Herzbuben zu.
Der Herzbube schüttelte traurig den Kopf. »Sehe ich denn so aus?« fragte er. (Und das konnte *wirklich* niemand behaupten, denn er war ganz aus Pappe.)
»So weit, so gut«, sagte der König und las, leise vor sich hin murmelnd, ein Stück weiter: »›Ihr wißt ja, das trifft zu‹ – damit sind natürlich die Schöffen gemeint – ›Ich gab ihr eins, sie gab ihm zwei, und ihr gabt uns drei Stück‹ – das ist, was er mit den Törtchen gemacht hat, nicht wahr?«

»Aber es geht weiter: ›Du hast sie ja zurück‹«, sagte Alice.
»Nun, da sind sie ja auch!« rief der König triumphierend und zeigte auf die Törtchen auf dem Tisch. »Wenn *das* nicht klar ist! – Ferner: ›Bevor sie so verschroben war‹ – verschroben warst du doch nie, liebe Frau, oder doch?« sagte er zur Königin.
»Nie!« sagte die Königin voller Wut und warf mit einem Tintenfaß nach der Eidechse. (Der unselige Egon hatte nämlich

gemerkt, daß sein Finger auf der Tafel keine Spur hinterließ, und hatte mit dem Schreiben aufgehört; aber jetzt machte er sich sogleich wieder daran, und zwar nahm er dazu die Tinte, die ihm über das Gesicht rann, bis sie dann wieder eintrocknete.)

»Dann hat er sich ver*schrieben*«, sagte der König und sah lächelnd in die Runde. Alles blieb totenstill.

»Das war ein Wortspiel!« sagte der König beleidigt, und alles lachte. »Wie lautet euer Urteil?« fragte der König ungefähr zum zehntenmal. »Nein, nein!« sagte die Königin, »zuerst die Strafe, dann das Urteil!« »Schluß mit dem Gefasel!« sagte Alice laut. »Zuerst die Strafe, wo gibts denn so was!«

»Du hältst den Mund!« sagte die Königin, krebsrot vor Zorn.

»Ich denke nicht daran«, sagte Alice.

»Kopf ab mit ihr!« schrie die Königin aus Leibeskräften. Niemand rührte sich.

»Wer wird sich denn um euch scheren?« sagte Alice (denn sie hatte wieder ihre volle Größe erlangt), »ihr seid ja nichts weiter als ein Kartenspiel!«

Bei diesen Worten schwang sich das ganze Kartenspiel in die Luft und kam auf sie zugesegelt. Halb zornig, halb erschreckt, stieß Alice einen kleinen Schrei aus und schlug nach ihnen, um sie zu verjagen – und auf einmal war sie wieder am Bachufer und lag mit dem Kopf ihrer Schwester im Schoß, und eine sanfte Hand strich ihr einige raschelnde Blätter aus dem Gesicht, die von einem Baum auf sie herabgeflattert waren.

»Wach auf, liebe Alice!« sagte ihre Schwester. »Wie lange du geschlafen hast!«

»Ach, und ich hatte einen so seltsamen Traum!« sagte Alice und erzählte ihrer Schwester, so gut sie sich noch erinnern konnte, die sonderbaren Erlebnisse, die ihr gerade vernommen habt; und als sie damit fertig war, gab ihr die Schwester einen Kuß und sagte: »Das war wirklich einmal ein seltsamer Traum; aber jetzt rasch heim zum Tee, es ist schon spät.« Und da stand

Alice also auf und rannte davon und dachte im Laufen noch einmal – und da hatte sie ja auch ganz recht –, welch ein wundersamer Traum es gewesen war.

Ihre Schwester aber blieb noch eine Weile zurück, den Kopf auf eine Hand gestützt, und sah zu, wie die Sonne unterging, und dachte an die kleine Alice und ihre wunderbaren Erleb-

nisse, bis auch sie auf ihre Weise ins Träumen kam, und das ist, was sie träumte:

Zuerst träumte sie von der kleinen Alice selbst und fühlte, wie ihre kleinen Hände ihr die Knie umschlangen und die hellen, munteren Augen zu den ihren aufsahen – sogar ihre Stimme hörte sie und konnte den seltsamen kleinen Ruck sehen, mit dem das Haar aus der Stirne flog, wenn es schon *wieder* einmal bis über die Augen geglitten war – und saß und lauschte, oder wenigstens war ihr so, als lauschte sie, und darüber wurde es auf einmal um sie her lebendig, und überall rührten sich die sonderbaren Wesen, von denen ihre kleine Schwester geträumt hatte.

Es raschelte in dem hohen Gras zu ihren Füßen, und das Weiße Kaninchen trippelte vorbei – die Maus patschte erschreckt durch den nahen Teich – sie konnte die Teetassen klirren hören, wenn der Schnapphase und seine Freunde bei ihrem unaufhörlichen Imbiß die Plätze wechselten, und die schrille Stimme der Königin, die ihre unglückseligen Mitspieler hinrichten ließ – auch das Ferkelkind nieste wieder auf dem Schoß der Herzogin, und um es her barst und splitterte Geschirr – der Greif schrie, und der Griffel der Eidechse quietschte auf der Schiefertafel, die unterbundenen Meerschweinchen schnappten nach Luft, und dazwischen schluchzte aus der Ferne untröstlich die Falsche Suppenschildkröte.

So saß sie mit geschlossenen Augen da und glaubte sich halb ins Wunderland versetzt; und dabei wußte sie doch recht gut, daß sie sich nur umzublicken brauchte, und alles würde wieder langweilig und wirklich werden: Das Geraschel im Gras kam nur vom Wind, nur das Schilf plätscherte im Teich, aus dem Geklirr der Teetassen würde das Klingeln der Schafschellen werden und aus dem Gekeif der Königin die Stimme des Hüterbuben – das niesende Baby und der schreiende Greif würden sich wieder, das wußte sie genau, in den verworrenen Lärm drüben von dem Bauernhof verwandeln – und die muhenden Kühe in der Ferne wären alles, was von dem Geschluchz der Falschen Suppenschildkröte übrigbliebe.

Und zuletzt malte sie sich aus, wie dieselbe kleine Schwester, die eben davongelaufen war, eines Tages auch erwachsen wäre und sich wohl auch in reiferen Jahren das einfältige liebevolle Herz ihrer Kindheit bewahrt hätte, und sah vor sich, wie sich andere kleine Kinder um sie scharten und wie auch deren Augen aufleuchteten bei manch einer seltsamen Geschichte, vielleicht sogar, wer weiß, bei der Geschichte des Traumes vom Wunderland aus alter Zeit; und wie sie traurig war mit all ihren Schmerzen und fröhlich mit all ihren Freuden im Gedanken an ihre eigene Jugendzeit und selige Sommertage.

NACHWORT

Der Aufruhr der Regeln

I

Charles Lutwidge Dodgson war der bürgerliche Name des Autors der beiden Bücher über das kleine Mädchen Alice – und bürgerlich, wenn je eines, war das Leben, das er geführt hat. Aber in seinen Geschichten wechselte er Namen und Gestalt: als Lewis Carroll lebt er im Gedächtnis der Nachwelt fort, unter seinen zwei Vornamen also, die er ein wenig abänderte und miteinander vertauschte; und folgerichtig zeigt er sich in seinen Geschichten von einer vertraulicheren Seite, die hinter dem Dozenten der Mathematik und Logik am Christ Church College in Oxford keiner so leicht vermutet hätte. Unter seinen Kollegen galt er als höflicher, gutmütiger, dabei aber menschenscheuer, verschrobener und eigenbrötlerischer Mensch; seine Studenten sahen in ihm einen pedantischen und im ganzen ziemlich langweiligen Lehrer. Nur unter Kindern, unter seinen, so schien es, einzigen Freunden, wurde er auf einmal zu einem Gefährten voller Witz und Ausgelassenheit, zu einem Erzähler von unerschöpflicher Einfallskraft. Für ein Kind, für seinen ›einzigen Liebling‹ Alice Pleasance Liddell, hat er denn auch seine erste Alice-Geschichte, *Alice's Adventures Underground*, aufgeschrieben, um sie ihr in seiner gestochenen Handschrift 1864 auf den Weihnachtstisch zu legen.

Daß diese Geschichte von mehr als privatem Interesse sein könnte, hat er sich anfangs nicht träumen lassen; es bedurfte viel guten Zuredens, bevor er sie 1865 unter dem Titel *Alice in Wonderland* veröffentlichte; und auch die Fortsetzung, *Through the Looking-Glass, and What Alice Found There*, die 1872 erschien, hat er mehr im Gedächtnis an seine kleine Freundin geschrieben als für ein Publikum, von dem er sich ganz falsche Vorstellungen machte. Denn noch zu seinen Lebzeiten sind beide Bücher zu einem ungeheuren Erfolg geworden: sie lagen in den englischen Kinderzimmern in Brighton wie in Liverpool und auf den Lesetischen des *Athenaeum Club* wie der Offiziersmesse in Kalkutta; sie wurden gelesen von Königin Viktoria wie von Oscar Wilde; die Reihe der Neudrucke und Volksausgaben riß nicht mehr ab; sie werden heute im englischen Parlament ebenso selbstverständlich zitiert wie in der Reklameserie einer großen Elektrofirma; und ihr Lob steht in der *Times* nicht weniger zu lesen als in den Schriften der französischen Surrealisten Aragon und Breton.

Der Erklärungen sind viele; doch ist die häufigste Auskunft, durch ihren ›englischen Humor‹ seien die Geschichten von Alice so beliebt geworden, zugleich die magerste; und erst ein genauerer Blick zeigt, was es damit auf sich hat. Carrolls Bücher handeln von der Gesellschaft. Hier, und fast nur hier, besteht Alice ihre Abenteuer; ihr wahrer Schauplatz ist das Parkett; der Kampf geht um die Schicklichkeit; die Waffe ist das Wort. Die Hinrichtungen der Herzkönigin sind nur Spaß; die wahren Exekutionen finden im Gespräche statt. In den Ländern, die Alice durchwandert, stirbt man die Tode der Verlegenheit und des Verstummenmüssens; man wird nicht ermordet, sondern mundtot gemacht; und nicht die Gurgel wird einem abgeschnitten, wohl aber die Antwort. Unversehens ist Alice in einen Irrgarten, in ein Vexierspiegelkabinett des schicklichen Verhaltens geraten, und sie bewährt sich darin schöner als je ein ins Elend verschlagener Märchenprinz. Mit mehr Recht als die meisten von uns kann sie sagen: *l'enfer, c'est les autres* – eine Hölle der Indelikatesse, der Widerrede und Haarspalterei:

»Wer bist denn *du*?« sagte die Raupe.

»Ich weiß es selbst kaum«, sagte Alice, »ich muß seit dem Aufstehen heute früh wohl mehrere Male vertauscht worden sein.«

»Wie meinst du das?« fragte die Raupe streng. »Erkläre dich!«

»Ich fürchte, ich kann mich nicht erklären«, sagte Alice, »denn ich bin gar nicht ich, sehen Sie.«

»Ich sehe es nicht«, sagte die Raupe.
»Leider kann ich es nicht besser ausdrücken«, antwortete Alice sehr höflich. »Es ist sehr verwirrend, an einem Tag so viele verschiedene Größen zu haben.«
»Gar nicht«, sagte die Raupe.
»Nun, vielleicht haben Sie diese Erfahrung noch nicht gemacht«, sagte Alice. »Aber wenn Sie sich eines Tages verpuppen, das wird doch gewiß auch für Sie etwas sonderbar sein, oder nicht?«
»Keineswegs«, sagte die Raupe.
»Nun, vielleicht empfinden Sie da anders«, sagte Alice. »Ich weiß nur, für *mich* wäre das sehr sonderbar.«
»Für dich!« sagte die Raupe. »Wer bist denn *du*?«

Alle Regeln der Wohlanständigkeit sind da auf den Kopf gestellt, und das Gräßliche ist: es läßt sich gegen diese Verkehrung gar nichts einwenden. Die Logik selbst scheint sich auf die Seite der Widersacher geschlagen zu haben. Sie sind die bösen Geister, die Alicens Kunst der Schicklichkeit herbeiruft. Denn Alice hat die Regeln, auf die die Gesellschaft baut, zu ihrer Sache gemacht. Sie ist die herrliche, umsichtige und unendlich langmütige Märtyrerin der *bienséance*; und ihre Niederlagen sind, wie die Niederlagen jedes Märtyrers, glänzende Siege: zu guter Letzt sind alle ihre Peiniger dem gesellschaftlich Tödlichsten verfallen: der Lächerlichkeit.
Ein Erbauungsbuch also? Und Alice ein Robinson Crusoe der guten Kinderstube? Noch sind wir nicht am Ende: denn die Regeln, die sich hier empört haben, sind nicht nur die Regeln der Gesellschaft, sondern auch die Regeln der Welt.

II

Charles Dodgson war Linkshänder; seine Zeit pflegte für derlei Absonderlichkeiten kein Verständnis zu haben und hat ihn zum Rechtshänder gemacht. Er ging zwei Jahre lang auf die berühmte Schule in Rugby; für Sport aber konnte er sich nie recht erwärmen. Dieses Motiv der aufgezwungenen Regeln hat ihn sein ganzes Leben lang begleitet. Von 1851 bis zu seinem Tod, das sind 48 Jahre, hat er in Christ Church gewohnt; als *Student Designate* zunächst, unter dem am strengsten reglementierten Teil der Studentenschaft; später als Tutor, und in dieser Eigenschaft auch bald als *Master of the House*, einer Stellung also, in der ihm die Rechte eines Magister Artium zwar innerhalb des College, nicht aber außerhalb dessen Mauern zustanden. Selbst für seine Verhältnisse wurden dadurch die Vorschriften einigermaßen kompliziert: vor jedem Ausgang mußte er nun nämlich die Wahl treffen unter nicht weniger als drei verschiedenen Talaren, je nachdem, in welcher Eigenschaft und wie weit er zu gehen hatte. Er hat, kurzum, sein ganzes Leben und jeden einzelnen Tag unter der Aufsicht anonymer, strenger, seltsamer und bisweilen absurder Regeln zugebracht. Es kam eine Regel hinzu, die weder mit Oxford noch mit seinem Beruf zusammenhing.

›Keiner, der Charles Dodgson geliebt hat, wird den Schleier vor jenen toten Heiligtümern lüften wollen, und niemandem wäre damit gedient‹, schreibt Stuart Dodgson Collingwood, sein Neffe, Biograph und Vertrauter. Er mag recht gehabt haben; aber die Nachwelt hat seine Mahnung nicht beherzigt. Es gibt heute keinen Zweifel mehr, daß Alice Pleasance Liddell, die Tochter seines Dekans, für Charles Dodgson die große Liebe seines Lebens war. Als er mit ihr Freundschaft schloß, war sie siebeneinhalb und er achtundzwanzig; vier Jahre später, auf Grund eines nicht mehr überlieferten Ereignisses, kam es zu einem Zerwürfnis zwischen der Familie Liddell und ihm, und Alicens Mutter verbrannte alle seine Briefe.

Die älteste Regel, der Charles Dodgson unterworfen war, war unverletzlich. Keiner, der ihn begreift, wird glauben, daß er jemals gegen sie verstoßen hat. War sie darum verständlicher? Hat sie darum seine Welt weniger auf den Kopf gestellt?

Charles Dodgson hat den Zusammenhang vielleicht nur geahnt: sicher gewußt hat ihn nur Lewis Carroll; und beide fanden den ihnen gemäßen Ausweg.
Der Ausweg der Revolte war es in keinem Fall. Charles Dodgsons Lösung war die Mimikry; er hat sich geradezu zum Statthalter der Regeln gemacht. Die Peinlichkeit, mit der er die einzelnen Punkte der Hausordnung von Christ Church einhielt, war legendär; seine Briefe waren fortlaufend numeriert; sogar noch die Fächer seines Portefeuille trugen sauber beschriftete Etiketten, damit ihm die fünf verschiedenen Briefpapierformate, die er benutzte, nicht durcheinanderkamen; fast alljährlich veröffentlichte er ein neues, von ihm selbst erfundenes Spiel oder ein Buch mit logischen Preisaufgaben. Und was war schließlich sein Beruf anderes als der Versuch, die Regeln dort aufzuspüren, wo sie entstehen, und so ihr Herr und Knecht zugleich zu werden?
Der Ausweg von Lewis Carroll indessen war die Literatur.

III

Sechs Jahre, nachdem Alice aus dem Wunderland zurückgekehrt ist, und als die Verbindung zwischen Dodgson und der Familie Liddell schon so gut wie abgebrochen war, wird sie zum zweitenmal ausgeschickt in befremdliche Gegenden. Aber die Landschaft *Hinter den Spiegeln* ist nicht mehr so harmlos wie die ihrer ersten Reise; irgend etwas hat sich darin ins Beklemmende und Aufsässige gewendet.
Schon im Wunderland hatte es mit den Gedichten seine besondere Bewandtnis gehabt, sie kamen Alice zu ihrem Schrekken ›falsch heraus‹ und hatten sich dabei nicht gerade zu ihrem Vorteil verändert: aus dem ›emsigen Bienelein‹ war ein Fische schlingendes Krokodil geworden, das Gedicht von dem ›Faulpelz‹ bevölkert sich mit Haifischen und einem hungrigen Leu, und mit der sonst so selbstsicheren Maus wird von der ›Wut‹ kurzer Prozeß gemacht; denn wo die Regeln eigenmächtig ge-

worden sind, ist die geregeltste Sprache zugleich die gefährlichste.
Gleich hinter dem Spiegel stößt Alice aber nun auf ein Gedicht, zu dem es die ›richtigen‹ Worte nie gegeben hat: *Jabberwocky*, die Geschichte vom Zipferlak. Auch erhalten die Verse nun einen neuen und sonderbaren Machtzuwachs: sie kommen Alice ganz ungebeten in den Kopf, melden sich von selbst und tun damit kund, wie sie die Ereignisse der nächsten Zukunft zu lenken beabsichtigen – so die Reime von Zwiddeldei und Zwiddeldum, von Goggelmoggel und vom Löwen und dem Einhorn. Der Kindervers hat sich zur Handlungsregel aufgeworfen und infantil, aber allmächtig die Rolle des Geschicks usurpiert.
Erinnern wir uns auch, wie sich schon im Wunderland die unleugbaren Tatsachen, die Umstände, die Sprache selbst auf die Seite von Alicens Widersachern gestellt hatten:

»Nun, ein klein wenig größer möchte ich schon gern sein, wenn es Ihnen nichts ausmacht«, sagte Alice; »drei Zoll ist doch eine recht armselige Größe!«
»Drei Zoll ist, ganz im Gegenteil, eine sehr schöne Größe!« sagte die Raupe zornig und richtete sich dabei voll auf (sie maß genau drei Zoll).

Hinter den Spiegeln aber hat sich die Tücke des Objekts organisiert; es liegt nun nicht mehr an dem besonderen Weg durch den Blumengarten, daß Alice in die Irre geführt wird, sondern daran, daß sich die Ordnung von Raum und Zeit überhaupt auf den Kopf gestellt hat. So weit ist es mit den Regeln gekommen, daß durch sie, die doch den Umgang mit den Dingen leichter, ja erst möglich machen sollten, deren Ordnung vielmehr durcheinandergeworfen und umgekehrt wird.
Wollten wir die Spiegelgesetzlichkeit hochtrabend die ›Physik‹ dieses zweiten Wunderlandes nennen, so entsprächen ihr, gleichsam als ›Geschichtskraft‹, die Regeln des Schachspiels,

denen die Bewegungen der einzelnen Figuren unterstehen: ein Satz komplizierter und starrer Regeln also, die den Betroffenen (insbesondere Alice) ganz undurchsichtig sind; sie folgen ihnen blind und gar nicht mehr im Bewußtsein des ihnen auferlegten Zwangs. Dunklere und mechanischere Ordnungen als zuvor haben in diesem Land ihre Herrschaft errichtet.

Vielleicht nicht immer zum Vorteil der Geschichte. Viele Kritiker haben diesem zweiten Buch über Alice angekreidet, es wirke ›künstlich‹, ›ausgedacht‹ und viel weniger ›lebendig‹ als das erste. In der Tat werden die Figuren nun nicht mehr so reich ausgemalt: gegenüber der Herzogin, der Herzkönigin, der Falschen Suppenschildkröte sind aus den zwei Schachköniginnen, aus Goggelmoggel und aus dem Brüderpaar Zwiddeldei und Zwiddeldum sogar ausdrücklich bloße Marionetten geworden. Auch die Kunst der komischen Situation mag nachgelassen haben, und die eintönige Wiederholung des ›sagte sie‹, ›sagte er‹ beginnt in den Dialogen störend hervorzutreten, und oft sind sie nun nur noch auf eine einzige Pointe hin konstruiert:

»Da brauchst du nur den Boden anzufassen«, sagte die Feuerlilie. »Dann wirst du es schon merken.«
Alice fühlte den Boden an. »Er ist sehr hart«, sagte sie, »aber ich verstehe nicht, was das damit zu tun haben soll, daß ihr sprechen könnt.«
»In den meisten Gärten«, sagte die Feuerlilie, »macht man uns das Beet zu weich – und dann schlafen die Blumen andauernd.«

Aber doch auch nicht nur zu ihrem Nachteil. Denn gerade an den Stellen, die als besonders ›konstruiert‹ und ›ausgedacht‹ gelten könnten, geschieht etwas Unerwartetes: die Welt ist darin einer Unverständlichkeit unterworfen, die wir mit Schrecken wiedererkennen:

»Jetzt! Jetzt!« rief die Königin. »Schneller! Schneller!« Und nun sausten sie so schnell dahin, daß sie beinahe nur noch durch die Luft segelten und den Boden kaum mehr berührten, bis sie plötzlich, als Alice schon der Erschöpfung nahe war, innehielten, und im nächsten Augenblick saß Alice schwindlig und atemlos am Boden.
Voller Überraschung sah sich Alice um. »Aber ich glaube fast, wir sind die ganze Zeit unter diesem Baum geblieben! Es ist ja alles wie vorher!«
»Selbstverständlich«, sagte die Königin. »*Hier*zulande mußt du so schnell rennen, wie du kannst, wenn du am gleichen Fleck bleiben willst.«

Dies die eine Szene; und die andere:

»Ich verstehe nicht, was Sie mit ›Glocke‹ meinen«, sagte Alice.
Goggelmoggel lächelte verächtlich. »Wie solltest du auch – ich muß es dir doch zuerst sagen. Ich meinte: ›Wenn das kein einmalig schlagender Beweis ist!‹«
»Aber ›Glocke‹ heißt doch gar nicht ein ›einmalig schlagender Beweis‹«, wandte Alice ein.
»Wenn *ich* ein Wort gebrauche«, sagte Goggelmoggel in recht hochmütigem Ton, »dann heißt es genau, was ich für richtig halte – nicht mehr und nicht weniger.«
»Es fragt sich nur«, sagte Alice, »ob man Wörter einfach etwas anderes heißen lassen kann.«
»Es fragt sich nur«, sagte Goggelmoggel, »wer der Stärkere ist, weiter nichts.«

Wo ist eine allgemeine Welterfahrung unserer Tage genauer getroffen als in dem ersten Textbeispiel? Wo kürzer als im zweiten die Sprache der Gewalt auf eine Formel gebracht? Lewis Carrolls Träume von einem kleinen Mädchen namens Alice haben unversehens auch uns angerührt; sie enden, wie so oft die Träume der Literatur, bei uns selbst.

IV

Und der Humor? Charles Dodgsons lebenslange Einübung in die Mimikry ist nicht ungenutzt geblieben. Um den Aufruhr der Regeln, ihre absurde Tyrannei, beispielhaft zu zeigen, hat er sie in den empfindlichsten Kontext gestellt, der ihm zur Hand war: in den der Gesellschaft nämlich; und ihm in der Figur von Alice gleichsam einen Seismographen beigegeben, wie er sich genauer nicht ersinnen ließ. Verlassen konnte er sich dabei – und könnte es in England heute noch – auf ein gesellschaftliches System, das so streng geordnet ist, daß die kleinste Störung darin sich sogleich in einer ›Explosion des Komischen‹ (wie es bei Rimbaud heißt) unüberhörbar anzeigt. Da kam es nun nur noch darauf an, dieses System so getreu, mit einem so feinen Gehör wiederzugeben, daß es auch in der Verkehrung noch auf den ersten Blick erkennbar bleibt.

Dies geschieht nun in den zwei Büchern über Alice mit einer Genauigkeit, die zur Verzweiflung jedes Übersetzers werden muß. Das Wirksame an allen Gesprächen, in die Alice im wörtlichen Sinne verstrickt wird, ist, wie genau sie *sitzen*, und daran hat sich die vorliegende Übersetzung vor allem – und manchmal mehr als an wörtliche Genauigkeit – gehalten. So ist aus Wilhelm dem Eroberer und seinen unaussprechlichen Earls Napoleon geworden und aus der Menai-Brücke der Eiffelturm (obwohl es den noch gar nicht gab). Aber wer will zuerst im Lexikon nachschlagen und danach noch lachen? Man muß sich in diesen Büchern so unterhalten, wie man sich wirklich unterhält; denn die originale *Alice* hat durchweg teil an dem unerschöpflichen Vorrat ihres Jahrhunderts an realistischer Kraft, ohne die keine absurde Literatur auskommt, wenn ihr nicht die Luft ausgehen soll. Anders als in der ›verkehrten Welt‹ des Lügenmärchens darf darin die Wahrscheinlichkeit ja nicht außer Kraft gesetzt werden, sie bedarf vielmehr immer wieder mit allen Mitteln der Stützung. Das Gesagte mag Alice noch so unsinnig vorkommen, sie kann sich doch nie seiner äußeren

Schlüssigkeit entziehen, mit der ihr das von allem Verstand schon längst Entfernte noch immer als das ganz Gewöhnliche unterschoben wird:

Alice unterdrückte ihre Scheu mit großer Mühe und reichte der Schwarzen Königin ein Stück Pudding.
»Ein starkes Stück!« sagte der Pudding. »Was würdest du denn sagen, wenn man aus dir etwas herausschnitte, du grobes Ding!«
Alice stockte der Atem; sie starrte ihn an.
»Sag doch etwas«, zischte die Schwarze Königin; »es ist lächerlich, dem Pudding die ganze Unterhaltung zu überlassen.«
»Also, ich muß sagen, heute sind mir so viele Gedichte vorgetragen worden«, begann Alice ...

So leiht sich, aus dem Umkreis der Gesellschaft, der Widersinn das Gewand der Logik, die Gewaltherrschaft der Regeln den Schein der Legitimität, die Katastrophe den Anstrich des Spaßigen. Aus ihm beziehen diese Geschichten ihre Wirksamkeit und Wahrscheinlichkeit. Lewis Carroll hat recht getan, der Methode der Mimikry getreu zu bleiben. Er mag seine Vorsicht übertrieben haben, wenn er seine beiden Erzählungen auch noch in einen sorgsam idyllisch gehaltenen Rahmen eingespannt hat, um seinen Leser ja darüber zu beruhigen, daß darin eigentlich nicht das mindeste passiere. Aber um so mehr hat er ihn auch überlistet mit einem Humor, der gewiß ›englisch‹ sein mag, aber eben nicht nur, da er uns, ohne daß wir es merkten, lachen macht über uns selbst, den einzig rechten, traurigen Gegenstand unseres Gelächters.

Christian Enzensberger

Inhalt

1.
Hinab in das Kaninchenloch *11*
2.
Der Tränenteich *19*
3.
Ein Proporz-Wettlauf und eine
weitschweifige Geschichte *28*
4.
Was kommt da den Kamin herab? *36*
5.
Beratung durch eine Raupe *47*
6.
Ein gepfeffertes Ferkel *57*
7.
Aberwitz und Fünf-Uhr-Tee *70*
8.
Königliche Croquetpartie *80*
9.
Die Erziehung einer Falschen
Suppenschildkröte *90*
10.
Die Hummer-Quadrille *100*
11.
Wer war der Tortendieb? *110*
12.
Alice deckt die Karten auf *118*

Nachwort 129